日常組と超楽しく覚える！

英語力を強化せよ。
今から日本語厳禁です
Mission!

中学英単語&熟語 1800

Super fun to learn with Nichijogumi!
English Words & Phrases for
Junior High School 1800

原案：**日常組**
英語監修：**Brooke Lathram-Abe**
イラスト：**くみちょう**

KADOKAWA

プロローグ

この英単語・熟語集は,
中学校で習う英語の
基礎から標準レベルまでの
単語・熟語を学べる本です。

定期テスト対策や受験対策としてだけでなく,
学びなおしにもぴったりです。

単語・熟語は,
主に中学校の教科書で扱われているものから
1800以上を抽出。

日常組と一緒に,楽しみながら
英語学習に取り組んでみてください。
きっと新しい世界が広がることでしょう。

ようこそ、俺達の世界へ

Welcome!

本書の特徴

5つのMissionがあり, Mission 1〜4はレベル別に構成されています。

Mission 1, 2 ………… 中学1年程度
Mission 3 ………… 中学2年程度
Mission 4 ………… 中学3年程度
Mission 5 ………… 熟語・表現

予習・復習に
ぴったり!

中学校で習う文法についてのコラムが各Missionにあります。
日常組の実況にちなんだ例文などを通して, 楽しくポイントを確認できます。

単語・熟語の意味は, **よく使われるもの**が優先的に掲載されています。
意味だけでなく, 単語の使い方がわかるような用例や熟語なども学べます。

original [ərídʒənl]	形 独創的な, 独音の Is this his original song? これは彼独自の歌ですか。
bus [bʌ́s]	名 バス 熟語 by bus (バスで) take a bus (バスに乗る)
interested [íntərəstid]	形 興味を持っている 熟語 be interested in ... (…に興味がある)
Mt. [máunt]	名 (山の名前の前につけて)…山 用例 Mt. Fuji (富士山) もとの語 mountの略。

用例や熟語で
知識を増やせる!

文の形や作り方を
このページで覚えよう!

3

日常組

4人組のゲーム実況者グループ。ぺいんと, クロノア, しにがみ, トラゾーの4人で活動しており, YouTube登録者数は220万を超える。『マインクラフターの日常』や『脱獄シリーズ』など独創的で緻密に作られた動画や面白い企画が多くの人の心を掴んでいる。

On my way

ぺいんと ／ Peinto

誕生日:1995年10月8日
元気いっぱい?
でも, いつも元気いっぱいではない。エビが大好き。
日常組のリーダー的存在?
でも, リーダーではない。

しにがみ ／ Sinigami

誕生日：1997年2月27日
身長190cm。
低音ボイスが持ち味。
ボルダリングのプロ選手。
嘘。

トラゾー ／ Torazo

誕生日:1995年5月2日
いつもおおらかな元自衛官。
豪運の持ち主。
運動が得意。

クロノア ／ Kuronoa

誕生日:1995年1月21日
いつも冷静で落ち着いている,
日常組のリーダー。
ネコが好き。

Hello!
Good evening.
I'm Peinto!
I'm Kuronoa.
I'm Sinigami!
I'm Torazo!
・・・ってなんで急に英語なの?
Ah～ha～?
Look!

ルールは
こちら!

ルール説明

・日本語禁止
・英語のみで生活
（英語以外の言語も禁止）
・わからなかったらボタンを押すと
　単語が出てくるのでそれをヒント
　にする
・カタカナ語も禁止（判定あり）
・日本語話したらマイナス1ポイント
・マイナス10ポイント貯まると罰
ゲーム

ヒントボタン・・・？

カタカナ語も
禁止か〜

ということで
ぼくら日本語禁止生活に
挑戦しまーす！

Mission 1 　基礎単語を身につけよ
Mission 2 　初級単語を制覇せよ
Mission 3 　中級単語をマスターせよ
Mission 4 　上級単語にも挑戦せよ
Mission 5 　英語で実況せよ

CONTENTS

日常組と まとめて覚えよう

日常組と こう言いたい!!!

Mission 1 基礎単語を 身につけよ …27

On my way

zero	0	twenty-one	21(の)
one	1つ[人](の)	thirty	30(の)
two	2つ[人](の)	forty	40(の)
three	3つ[人](の)	fifty	50(の)
four	4つ[人](の)	sixty	60(の)
five	5つ[人](の)	seventy	70(の)
six	6つ[人](の)	eighty	80(の)
seven	7つ[人](の)	ninety	90(の)
eight	8つ[人](の)	one hundred	100(の)
nine	9つ[人](の)	one thousand	1,000(の)
ten	10(の)	ten thousand	10,000(の)
eleven	11(の)	one hundred thousand	10万(の)
twelve	12(の)	one million	100万(の)
thirteen	13(の)	ten million	1,000万(の)
fourteen	14(の)	one hundred million	1億(の)
fifteen	15(の)	one billion	10億(の)
sixteen	16(の)		
seventeen	17(の)		
eighteen	18(の)		
nineteen	19(の)		
twenty	20(の)		

Q 678,912,345は英語で何て読む？

ヒント▶コンマで区切って読んでみよう。

A six hundred seventy-eight million, nine hundred twelve thousand, three hundred forty-five

21などの数字は twenty-oneというように、ハイフン「-」を使って書くよ。

◤ 曜日 (days of the week)

Sunday	日曜日
Monday	月曜日
Tuesday	火曜日
Wednesday	水曜日
Thursday	木曜日
Friday	金曜日
Saturday	土曜日

◤ 季節 (seasons)

spring	春
summer	夏
fall	秋
autumn	
winter	冬

え!? 秋って2種類のいい方あるの…!?

◤ 序数 (ordinal numbers)

first	1日, 1番目(の)	fifteenth	15日, 15番目(の)
second	2日, 2番目(の)	sixteenth	16日, 16番目(の)
third	3日, 3番目(の)	seventeenth	17日, 17番目(の)
fourth	4日, 4番目(の)	eighteenth	18日, 18番目(の)
fifth	5日, 5番目(の)	nineteenth	19日, 19番目(の)
sixth	6日, 6番目(の)	twentieth	20日, 20番目(の)
seventh	7日, 7番目(の)	twenty-first	21日, 21番目(の)
eighth	8日, 8番目(の)		
ninth	9日, 9番目(の)		
tenth	10日, 10番目(の)		
eleventh	11日, 11番目(の)		
twelfth	12日, 12番目(の)		
thirteenth	13日, 13番目(の)		
fourteenth	14日, 14番目(の)		

日付をいうときは, 序数を使うよ。

◀ 月（months）

January	1月	September	9月
February	2月	October	10月
March	3月	November	11月
April	4月	December	12月
May	5月		
June	6月		
July	7月		
August	8月		

曜日や月の語は
大文字で始めるよ。

◀ 1日の時間

morning	朝,午前
noon	正午
afternoon	午後
evening	夕方,晩
night	夜,晩
a.m.	午前
p.m.	午後

◀ 時間の単位

second	秒
minute	分
hour	時間
day	日
week	週
month	月
year	年

◀ 日を表す言葉

the day before yesterday	おととい
yesterday	昨日
today	今日

tomorrow	明日
the day after tomorrow	明後日

天気・天候 (weather)

sunny	晴れた, 日の照っている
cloudy	くもりの, くもった
rainy	雨の, 雨降りの
snowy	雪の, 雪の降る
windy	風の強い, 風のある
cool	すずしい
cold	冷たい, 寒い
warm	暖かい, 温暖な
hot	熱い, 暑い
cloud	くも, くもる
rain	雨, 雨が降る
snow	雪, 雪が降る
wind	風

動詞や名詞を使った
言い方もあるよ。

cool は「かっこいい」
という意味もあるよ。

家族 (family)

father, dad	父, お父さん, 父親
mother, mom	母, お母さん, 母親
brother	兄, 弟, 兄弟
sister	姉, 妹, 姉妹
grandfather, grandpa	祖父, おじいさん
grandmother, grandma	祖母, おばあさん
aunt	おば, おばさん
uncle	おじ, おじさん
parents	両親

教科 (subjects)

English	英語	P.E.	体育
Japanese	国語	technology and home economics	技術家庭科
math	数学	moral education	道徳
science	理科		
social studies	社会科		
music	音楽		
art	美術		

P.E.は physical educationを省略したものだよ。

色 (colors)

red	赤(い)	black	黒(い)
yellow	黄色(い)	brown	茶色(の)
orange	オレンジ(色の)	purple	紫(色の)
green	緑(の)	pink	ピンク(色の)
light green	薄緑(色の)	white	白(い)
blue	青(い)	silver	銀色(の)
light blue	水色(の)	gold	金色(の)

形 (shapes)

star	星	circle	円, 丸
heart	ハート	triangle	三角形
square	四角形, 正方形	rectangle	長方形
pentagon	五角形	hexagon	六角形
diamond	ひし形	oval	だ円

be動詞の文
「○○です」などというとき

「○○です / ○○でした」と表すとき，be動詞を使う。

[例] I **am** Kuronoa.　ぼくはクロノアです。

I = Kuronoa

[例] You **were** a teacher.　あなたは教師でした。

You = teacher

> be動詞は主語と説明
> する語句をつなぐ。

主語によって is, am, are を使い分けるので注意する。

主語	be動詞の現在形	be動詞の過去形
I	am	was
you, 複数の人やもの（we, they など）	are	were
I, you, 複数の人やもの（we, they など）以外の he, she, it, 人名など	is	was

「○○ではありません / ○○ではありませんでした」と表すとき，be動詞の後ろに not を置く。

[例] Sinigami **is not** here.

しにがみはここにいません。

[例] Peinto **was not** sad.

ぺいんとは悲しくありませんでした。

「○○ですか / ○○でしたか」と相手にたずねるとき，be動詞を文の最初に置く。

> 否定する文は「否定
> 文」，相手にたずねる
> 文は「疑問文」という。

[例] **Are** you a Nichijogumi fan? —— Yes, I am. / No, I'm not.

あなたは日常組のファンですか。

—— はい，そうです。/ いいえ，違います。

一般動詞の文「○○します」 などというとき

「○○は〜します」と動作や状態を表すとき，**一般動詞**を使う。主語が三人称単数（P51参照）で現在形のときは，一般動詞の語尾に **-s, -es** をつける。

［例］I <u>have</u> three boxes.　ぼくは3つの箱を持っています。

［例］Peinto <u>plays</u> the piano.　ぺいんとはピアノを弾きます。

　　Peinto＝主語がI, you以外の単数

> haveの三人称単数の現在形はhas。

「○○は〜しました」と過去を表すときは，規則動詞には動詞の語尾に，**-d, -ed** をつける。

規則動詞	use（使う）→use**d**　study（勉強する）→stud**i**ed（yをiにかえる） play（競技をする）→play**ed**
不規則動詞	come（来る）→came　bring（持ってくる）→brought

「○○は〜しません」という否定文は，〈**主語＋do[does] not ＋動詞の原形 〜.**〉，過去の文は〈**主語＋did not ＋動詞の原形 〜.**〉となる。

［例］Sinigami <u>doesn't play</u> the Japanese drums.

　　しにがみは和太鼓を演奏しません。

［例］I <u>didn't eat</u> lunch.

　　私は昼食をとりませんでした。

> do notの短縮形はdon't。
> does notの短縮形はdoesn't。
> did notの短縮形はdidn't。

「○○は〜しますか」という疑問文は，〈**Do[Does] ＋主語＋動詞の原形 〜?**〉，過去の文は〈**Did ＋主語＋動詞の原形 〜?**〉となる。答えるときは，do, does, didを使う。

［例］<u>Does</u> he <u>like</u> steak?　彼はステーキが好きですか。

　　── Yes, he <u>does</u>. / No, he <u>doesn't</u>.

　　── はい，好きです。/ いいえ，好きではありません。

命令文「○○しなさい」「○○禁止」
「○○しよう」というとき

相手に「○○しなさい」と命令する文を命令文という。
通常，**動詞の原形**で文を始める。

◼ 一般動詞の命令文

［例］**Study** hard. 一生懸命勉強しなさい。

◼ be動詞の命令文

［例］**Be** quiet. 静かにしなさい。

◼ pleaseを用いた命令文

［例］**Please clean** your room. 部屋を掃除してください。

➡**Clean** your room, **please**. とも表現できる。

「○○してはいけない」と禁止を表す命令文は，
〈**Don't＋動詞の原形〜.**〉で表す。

◼ 一般動詞の禁止を表す命令文

［例］**Don't** eat.
食べてはいけません。

［例］**Don't** swim.
泳いではいけません。

◼ be動詞の禁止を表す命令文

［例］**Don't** be loud. 騒がしくしてはいけません。

◼ ていねいな禁止を表す命令文

［例］**Please** don't run here. ここで走らないでください。

➡pleaseがつくとていねいな口調になる。

相手に「○○しよう」と提案・勧誘するときは，
〈**Let's＋動詞の原形〜.**〉で表す。

［例］**Let's play** video games. テレビゲームをしよう。

進行形の文「○○しています」 などというとき

「○○は〜しています」と現在進行していることを表す
とき，〈主語＋be動詞＋動詞のing形〉とする。
過去の文では，be動詞は過去形（was, were）を使う。

〔例〕 We <u>are drawing</u> pictures.　ぼくたちは絵を描いています。

〔例〕 Torazo <u>was running</u> in the park.

トラゾーは公園で走っていました。

否定文は〈主語＋be動詞＋not ＋動詞のing形〉と表す。

〔例〕 Kuronoa's pig <u>is not moving</u> now.

今，クロノアのブタは動いていません。

〔例〕 Peinto <u>was not talking</u> then.

ぺいんとはそのとき話していませんでした。

疑問文は 〈be動詞＋主語＋動詞のing形 〜?〉と表す。

〔例〕 <u>Is</u> Sinigami <u>singing</u> a song now?

しにがみは今，歌を歌っていますか。

―― Yes, he is. / No, he isn't.

―― はい，歌っています。/ いいえ，歌っていません。

■ ing形の作り方

動詞の原形のあとにそのままingをつける	read（読む）→reading study（勉強する）→studying
語尾のeをとってingをつける	come（来る）→coming use（使う）→using
語尾の子音字を重ねてingをつける	get（得る）→getting

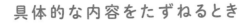具体的な内容をたずねるとき

具体的な内容をたずねるとき，疑問詞（what, where, when, who, whose, how, why, which）を使う。

〈疑問詞＋疑問文の語順 ～？〉が基本の形。

「何」	What is this? ── It's a house. これは何ですか。── それは家です。
「どこ」	Where does he live? ── He lives in Tokyo. 彼はどこに住んでいますか。 ── 彼は東京に住んでいます。
「いつ」	When is Torazo's birthday? ── It's May 2nd. トラゾーの誕生日はいつですか。── 5月2日です。
「誰」	Who is that man? ── He is Kuronoa. あの男性は誰ですか。── 彼はクロノアです。
「誰のもの」	Whose shoes are they? ── They are mine. それらは誰のくつですか。── それらはぼくのものです。
「どうやって」	How did you go to school? ── By bike. あなたはどうやって学校に行きましたか。── 自転車でです。
「なぜ」	Why is Sinigami sleepy? ── Because he didn't sleep last night. しにがみはなぜ眠いのですか。 ── なぜなら彼は昨晩眠らなかったからです。
「どちらが」 「どれ」	Which do you like better, chicken or beef? ── I like chicken. 鶏肉か牛肉、どちらが好きですか。 ── 私は鶏肉が好きです。

イラストで
前置詞を学ぼう

前置詞は，名詞や代名詞の前に置かれ，
〈前置詞＋（代）名詞（句）〉の形で，時間，場所，位置，方向などを表すことができる。

in	on	at	under
「〜の中に」「〜に」	「〜の上に」「〜に」	「〜で」	「〜の（真）下に」

over	below	above	around
「〜の上に」	「〜より下に」	「〜（間隔をおいて）の上に」	「〜の周りに」

through	in front of	behind	near
「〜を通って」	「〜の前に」	「〜の後ろに」	「〜の近くに」

canを使って「○○できます」などというとき

「〜は○○できます」と得意なことやできることを表すとき，**can** を主に使う。**canの後は動詞の原形**を続ける。

[例] Torazo <u>can cook</u> well.

　　　　主語が何であってもcanの後は動詞の原形

　　トラゾーは上手に料理ができます。

[例] He <u>can finish</u> the project by tomorrow.

　　彼は明日までにそのプロジェクトを終えることができます。

否定文「〜は○○できません」と表すとき，
canのあとにnotを置き，cannot[can't] とする。

[例] Kuronoa <u>cannot run</u> fast.

　　クロノアは速く走ることができません。

[例] Peinto <u>can't swim</u> well.

　　ぺいんとは上手に泳ぐことができません。

疑問文「〜は○○できますか」とたずねるとき，
can を主語の前に置く。

[例] <u>Can</u> Sinigami <u>find</u> potatoes underground?

　　しにがみは地下でジャガイモを見つけることができますか。

　　── Yes, he <u>can</u>. / No, he <u>cannot[can't]</u>.

　　── はい，できます。/ いいえ，できません。

「○○がある，○○がいる」 などというとき

「○○がある，○○がいる」と表すときは，**There is / are ～.** を使う。地名や固有名詞などを続けることはできない。過去のことを表すときは，**was，were** を使う。

〔例〕 <u>**There is**</u> <u>a computer</u> in this room.
　　　この部屋にコンピュータがあります。

〔例〕 <u>**There are**</u> some boys in the park.
　　　公園に何人かの少年がいます。

〔例〕 <u>**There was**</u> <u>a reference room</u>.
　　　資料部屋がありました。

> be動詞のあとに続く語句が単数のときはis，複数のときはare。

否定文は **be動詞のあとにnot** を置く。

〔例〕 <u>**There are not**</u> any trees!
　　　木が1本もありません！

〔例〕 <u>**There was not**</u> a pig.
　　　ブタは1匹もいませんでした。

疑問文は **be動詞を主語の前に置く。**

〔例〕 <u>**Are there**</u> diamonds in this cave?
　　　—— Yes, <u>**there are**</u>. / No, <u>**there aren't**</u>.
　　　このどうくつにダイヤモンドはありますか。
　　　—— はい，あります。/ いいえ，ありません。

> there isはthere's，there areはthere'reと短縮できる。

〔例〕 How many chickens <u>**are there**</u> around you?
　　　—— (<u>There are</u>) Four.
　　　あなたの周りに何匹のニワトリがいますか。
　　　—— 4匹います。

基礎単語を身につけよ

orange juice

coffee

<英単語本文中の記号説明>
【動】動詞　　【名】名詞　　【代】代名詞　　【助】助動詞
【形】形容詞　【副】副詞　　【接】接続詞　　【前】前置詞
【冠】冠詞　　【間】間投詞　【⇔】意味が対照的なもの

【熟語】英熟語　　【用例】英単語の使い方の実例
【豆知識】英単語に関する補足知識

※「動詞の原形−過去形−過去分詞」の活用変化は「make-made-made」のように記載しています。

make
[méik]

動 …を作る，…を得る，…を整える，…を用意する，（人・もの）を…の状態にする

make-made-made

nice
[náis]

形 すてきな，よい，すばらしい

Nice to meet you.　はじめまして。
Have a nice day.　よい一日を。

school
[skú:l]

名 学校，校舎

I go to school with my friends.
私は友達と学校に行きます。

too
[tú:]

副 …もまた，そのうえ
　　あまりにも，…すぎる

Me, too.　ぼくもです。

am
[（弱）əm,（強）ǽm]

動 …です，…だ，（…に）いる，（…に）ある
　　…である

助 〔進行形や受け身をつくる〕

do
[（弱）du,（強）dú:]

動 （…を）する，行う

助 〔疑問文と応答文をつくる〕

用例 do one's homework（宿題をする）

club
[klʌ́b]

名 クラブ，部

用例 the cooking club（料理部）

I'm in the art club.
私は美術部に所属しています。

name
[néim]

名 名前

動 …を（～と）名づける

用例 name the dog Pochi
　　（イヌをポチと名づける）

My name is Peinto.

　訳：ぼくの名前はぺいんとです。

curry [káːri]	名 カレー（料理） 用例 curry and rice（カレーライス）
dance [dǽns]	動 おどる, ダンスをする　名 ダンス, おどり He can dance well. 彼は上手におどることができます。
fast [fǽst]	形 （速度が）速い　副 速く fast⇔slow(ly) 豆知識 似た意味の語はquick, speedyなど。
is [（弱）iz,（強）íz]	動 …です, …だ, …である, （…に）いる,（…に）ある 助 〔進行形や受け身をつくる〕
food [fúːd]	名 食べ物 用例 Japanese food（日本食）
good [gúd]	形 上手な, うまい, よい, すぐれた, 行儀の よい　間 よかった, よろしい 熟語 be good at …（…が上手だ, 得意だ）
have [hǽv]	動 …を持っている, …がある, …がいる, …を食べる, …を飲む, …を経験する, 過ごす, …を開く, 開催する, 行う,（病気に）かかっている
like [láik]	動 …を好む, …が好きである 前 …のような[に], …に似た, …らしい
player [pléiər]	名 競技者, 選手, 演奏者 He is a famous baseball player. 彼は有名な野球選手です。
rice [ráis]	名 米, 稲, ご飯 用例 a bowl of rice（1膳のご飯）

room
[rúːm]

名 部屋, …室
用例 music room（音楽室）
　　 a room with an ocean view（海が見える部屋）

run
[rʌ́n]

動 走る, 走って行く, 運行している, …を主催する, …を経営する
熟語 run out of …（…を使い果たす）

team
[tíːm]

名 チーム, 〔一緒に活動する〕団, 組
She is on the basketball team.
彼女はバスケットボールチームの一員です。

tennis
[ténəs]

名 テニス
I play tennis on Sundays.
私は日曜日にテニスをします。

well
[wél]

形 健康な, 元気な, よい, 体の調子がよい
副 上手に, うまく, よく, 十分に
間 [ためらって]ええと, そうですね

apron
[éiprən]

名 エプロン, 前かけ
I always wear an apron in the kitchen.
私はいつも台所でエプロンをつけています。

ink
[iŋk]

名 インク
用例 write in ink（インクで書く）

jet
[dʒét]

名 ジェット機
I want to travel by jet.
私はジェット機で旅行したいです。

king
[kiŋ]

名 王, 国王
豆知識 女王はqueen。

apple
[æpl]

名 リンゴ
I eat an apple a day.
私は1日1個のリンゴを食べます。

lion
[láiən]

名 ライオン
用例 (as) brave as a lion （ライオンのように勇敢な）

OK
[óukéi]

形 よくて, だいじょうぶで
副 よろしい, はい, わかった, それでは
豆知識 O.K.と書くこともある。

omelet
[á:mlət]

名 オムレツ
I can make an omelet well.
私は上手にオムレツを作ることができます。

unicycle
[júːnəsàikl]

名 一輪車
I can't ride a unicycle.
私は一輪車に乗れません。

ball
[bóːl]

名 ボール, 球, 玉
用例 throw a ball（ボールを投げる）
kick a ball（ボールを蹴る）

box
[báːks]

名 箱
用例 a lunch box（弁当箱）
Open these boxes. これらの箱を開けなさい。

cap
[kǽp]

名 （ふちのない）帽子
豆知識 ふちがある帽子はhat。
Take off your cap. 帽子を脱ぎなさい。

city
[síti]

名 市, 都市, 都会
豆知識 town（町）よりも大きい。
Sydney is a big city. シドニーは大都市です。

desk
[désk]

名 机
豆知識 勉強用の机を指す。飲食用はtable。

egg
[ég]

名 卵
用例 lay an egg（卵を産む）
a boiled egg（ゆで卵）

fish
[fíʃ]

名 魚
豆知識 複数形もfish。
I caught six fish.　私は魚を6匹釣りました。

guitar
[gitá:r]

名 ギター
I play the guitar after dinner.
私は夕食後にギターを弾きます。

gym
[dʒím]

名 体育館, ジム
The students practice table tennis in the gym.
生徒たちは体育館で卓球を練習します。

hat
[hǽt]

名 (ふちのある)帽子
豆知識 ふちのない帽子はcap。
I put on my hat.　私は帽子をかぶりました。

nurse
[nə́:rs]

名 看護師
I want to be a nurse.
私は看護師になりたいです。

piano
[piǽnou]

名 ピアノ
He plays the piano well.
彼はピアノを上手に演奏します。

rabbit
[rǽbət]

名 ウサギ
I saw a wild rabbit.
私は野ウサギを見ました。

play
[pléi]

名 遊び, 劇
動 (スポーツなど)をする, …を演奏する, 遊ぶ
用例 play the piano (ピアノを演奏する)

umbrella [ʌmbrélə]	名 傘 用例 open an umbrella（傘をさす） 豆知識 日傘はsunshade, parasol。
vegetable [védʒtəbl]	名 野菜 用例 a vegetable dish（野菜料理） raw vegetables（生野菜）
window [wíndou]	名 窓 熟語 open a window（窓を開ける） close［shut］a window（窓を閉める）
zoo [zúː]	名 動物園 The students went to the zoo. 生徒たちは動物園に行きました。
bath [bǽθ]	名 入浴 熟語 take a bath（入浴する）
clock [klάːk]	名（置き［かけ]）時計 用例 an alarm clock（目覚まし時計） 豆知識 腕時計はwatch。
elephant [éləfənt]	名 ゾウ The elephant at the zoo is popular. その動物園のゾウは人気があります。
ship [ʃíp]	名（大型の）船 The ship carried oil from a foreign country. その船は外国から石油を運びました。
sing [síŋ]	動（…を）歌う 用例 sing loud（大声で歌う） 熟語 sing in chorus（合唱する）
friend [frénd]	名 友達 熟語 make friends with …（…と友達になる） He is Ken's best friend. 彼はケンの親友です。

new
[n(j)úː]

形 新しい, 新入りの, 目新しい, 見慣れない
new⇔old
Her bike is new.　彼女の自転車は新しいです。

are
[(弱) ər, (強) áːr]

動 …です, …だ, …である,
　（…に）いる, （…に）ある
助 〔進行形や受け身をつくる〕

fine
[fáin]

形 元気で, 晴れた, すばらしい
You can see a fine view.
すばらしい景色が見えます。

Australia
[ɔːstréiljə]

名 オーストラリア
He is from Australia.
彼はオーストラリア出身です。

call
[kɔ́ːl]

名 電話をかけること, 通話, 呼び出し
動 …を（〜と）呼ぶ, 名づける, …に電話する

drink
[dríŋk]

動 …を飲む
drink-drank-drunk
I drink milk every day.
私は毎日牛乳を飲みます。

everyone
[évriwʌn]

代 みんな, 誰でも
Everyone enjoyed the concert.
誰もがコンサートを楽しみました。

love
[lʌ́v]

名 愛, 愛する気持ち, 恋愛
動 …が大好きである, …を愛している
I love my dog.　私は私のイヌが大好きです。

number
[nʌ́mbər]

名 数, 数字
熟語 the number of … （…の数）
　　 a number of … （たくさんの…）

often
[ɔ́ːfn]

副 しばしば, よく
I often see her at the station.
私はよく駅で彼女を見ます。

tea [tíː]	名 お茶, 紅茶 用例 a cup of tea（1杯のお茶） green tea（緑茶）
no [nóu]	名 「いいえ」という言葉［返事］ 形 1つ［1人］も…ない, 少しも…ない 副 いいえ, いや, だめだ
rugby [rʌ́gbi]	名 ラグビー He is a rugby player. 彼はラグビー選手です。
Sydney [sídni]	名 シドニー〔オーストラリアの都市〕 They live in Sydney. 彼らはシドニーに住んでいます。
yes [jés]	名 「はい」という言葉［返事］, 賛成 副 はい, ええ, そうです
baseball [béisbɔ̀ːl]	名 野球 用例 a baseball game（野球の試合） a baseball stadium（野球場）
basketball [bǽskətbɔ̀ːl]	名 バスケットボール 用例 a basketball player （バスケットボールの選手）
not [nάːt]	副 …でない, …しない, …ではなく He is not my teacher. 彼は私の先生ではありません。
soccer [sάːkər]	名 サッカー I'm on the soccer team. 私はサッカーチームの一員です。
watch [wάːtʃ]	名 腕時計, 懐中時計 動 …を（注意して）見る I often watch baseball games on TV. 私はよくテレビで野球の試合を見ます。

just
[dʒʌ́st]

副 ただ…だけ, ほんの, ちょっと,
　ちょうど今(…したばかり), たった今

salad
[sǽləd]

名 サラダ
用例 potato salad (ポテトサラダ)

badminton
[bǽdmitn]

名 バドミントン
I like badminton.
私はバドミントンが好きです。

cook
[kúk]

名 コック, 料理人　動 …を料理する
I cooked dinner yesterday.
私は昨日夕食を料理しました。

great
[gréit]

形 すばらしい, 最高の, すてきな, 大きな
He is a great musician.
彼はすばらしい音楽家です。

see
[si:]

動 …が見える, …を見る, 見物する,
　(…を)理解する, わかる, (人)に会う
I see.　なるほど。

ski
[ski:]

動 スキーをする
I like skiing.
私はスキーをすることが好きです。

swim
[swím]

動 泳ぐ, 水泳する
Can you swim?
あなたは泳ぐことができますか。

there
[ðéər]

副 そこに, そこで, そこへ, あそこに〔で, へ〕
Don't put your bag down there.
そこにかばんを置いてはいけません。

thank
[θǽŋk]

名 〔複数形で〕感謝
動 …に感謝する, ありがたいと思う, 礼を言う
Thank you.　ありがとう。

every
[évri]

形 毎…，…ごとに，すべての，あらゆる，どの…も
用例 every day（毎日）

little
[lítl]

形 〔a littleで〕少し，小さい，ほとんどない
副 ほとんど…ない
I have little time.　ほとんど時間がありません。

read
[ríːd]

動 (…を)読む，読書する
read-read[red]-read[red]
I like reading.　私は読書が好きです。

speak
[spíːk]

動 (ある言語)を話す，話す能力がある
しゃべる，話す
用例 speak English（英語を話す）

study
[stʌ́di]

名 勉強，研究，学業，調査
動 (…を)勉強する，研究する
用例 study math（数学を勉強する）

teacher
[tíːtʃər]

名 先生，教師
Mr. Ito is our math teacher.
伊藤先生は私たちの数学の先生です。

class
[klǽs]

名 学級，組，クラス，クラスの生徒（みんな），
授業
用例 an English class（英語の授業）

classmate
[klǽsmèit]

名 同級生，クラスメイト
They are my classmates.
彼らは私のクラスメイトです。

English
[íŋgliʃ]

名 英語　形 英語の
What do you call this tree in English?
この木は英語で何と言いますか。

Mr.
[místər]

名 〔男性の姓・姓名の前で〕…さん，…先生
用例 Mr. Green（グリーン先生）

Ms.
[miz]

名〔女性の姓・姓名の前で〕…さん，…先生

豆知識 Mrs.は既婚女性，Missは未婚女性に使う。
Ms.はMr.と同じように区別せずに使える。

this
[ðís]

代 これ，この人［もの，こと］
形 この，こちらの，今の，今…，今日の
用例 this week（今週）

always
[ɔ́:lweiz]

副 いつも，常に
I always go to school by bike.
私はいつも自転車で学校に行きます。

market
[má:rkət]

名 市，市場
A market opens every Sunday.
市場は毎週日曜日に開きます。

restaurant
[réstərənt]

名 レストラン
This restaurant is popular among visitors.
このレストランは訪問客に人気があります。

that
[ðǽt]

代 あれ，それ，あの人［もの，こと］
形 あの，その，例の
接（…する）ということ，…して

very
[véri]

副 非常に，とても，
〔否定文で〕あまり（…でない）
I practice soccer very hard.
私はとても一生懸命にサッカーを練習します。

favorite
[féivərət]

名 大好きなもの［人］，お気に入り（のもの），
最も好きなもの
形 一番好きな

My favorite color is purple.

　訳：ぼくの一番好きな色は紫色だよ。

名詞を身につけよ
数えられる名詞，数えられない名詞

◾ 単数形

➡ 1つのとき。名詞の前に a もしくは an をつける。

◾ 複数形

➡ 2つ以上のとき。名詞に –s または –es をつける。

数えられる名詞	単数形	複数形
sまたはesがつくもの	a book（本）	books
	a rabbit（ウサギ）	rabbits
不規則に変化するもの	a child（子供）	children
	foot（足）	feet
単数形と複数形が同じ形のもの	a fish（魚）	fish
その他のルール（例外もあります）		
語尾が-s, -x, -sh, -chで終わる語は，-esをつける	a class（授業）	classes
	a box（箱）	boxes
「子音字+y」で終わる語は，yをiに変えて-esをつける	a country（国）	countries
	a baby（赤ちゃん）	babies
「母音字+y」で終わる語は，そのまま-sをつける	a boy（少年）	boys
	a day（日）	days
「子音字+o」で終わる語は，ふつう語尾に-esをつける	a potato（ジャガイモ）	potatoes
語尾が-f/-feで終わる語は，-f/-feを-vesにかえる	a leaf（葉）	leaves
	a knife（ナイフ）	knives
数えられない名詞		
固有名詞	Tokyo（東京）, Mt. Fuji（富士山）, Emily（人名）	
物質名詞	※water（水）, air（空気）, salt（塩）, meat（肉）	
抽象名詞	tennis（テニス）, information（情報）, music（音楽）	

※a glass of water（1杯の水）などと容器や形状を表す語を使って数える。

bike
[báik]

名 自転車 (= bicycle)

I go to school by bike.
私は自転車で学校に行きます。

come
[kʌ́m]

動 来る,(相手のところ[相手と同方向]へ)行く

Please come to our party.
私たちのパーティーに来てください。

really
[ríːli]

副 本当ですか, へえ, そうなんだ,
　　本当に, とても

He is really kind.
彼は本当にやさしいです。

live
[lív]

動 住む, 住んでいる, 暮らす, 生活する,
　　生息する

We live in Osaka.
私たちは大阪に住んでいます。

P.E.
[píːíː]

名 体育

Mr. Sato is our P.E. teacher.
佐藤先生は私たちの体育の先生です。

walk
[wɔ́ːk]

名 歩くこと, 散歩
動 歩く, 歩いて行く, 散歩をする,
　　(イヌなどを)散歩させる

also
[ɔ́ːlsou]

副 …もまた, そのうえ, さらに

You are a pianist, and also a doctor.
あなたはピアニストで, 医師でもあります。

yogurt
[jóugərt]

名 ヨーグルト

豆知識 yoghurt, yoghourtともつづる。

breakfast
[brékfəst]

名 朝食

I eat toast for breakfast.
私は朝食にトーストを食べます。

fruit
[frúːt]

名 果物, 木の実, フルーツ

豆知識 「果物と野菜」は, fruit and vegetables
の順。逆の順にはしない。(×vegetables and
fruit)

| **soup**
[súːp] | 名 スープ
用例 make corn soup（コーンスープを作る） |

| **usually**
[júːʒuəli] | 副 たいてい, ふつう, いつも（は）
I usually go to bed at eleven.
私はたいてい11時に寝ます。 |

| **bag**
[bǽg] | 名 かばん, バッグ, ふくろ
This is my bag.
これは私のかばんです。 |

| **cat**
[kǽt] | 名 ネコ
Do you like cats?
あなたはネコが好きですか。 |

| **cute**
[kjúːt] | 形 かわいい
You have a cute doll.
あなたはかわいい人形を持っています。 |

| **dog**
[dɔ́ːg] | 名 イヌ
I have two dogs.
私はイヌを2匹飼っています。 |

| **brass band**
[brǽs bǽnd] | 名 吹奏楽団, ブラスバンド
I'm in the brass band at school.
私は学校の吹奏楽団に入っています。 |

| **birthday**
[báːrθdèi] | 名 誕生日, 〔形容詞的〕誕生日の
What do you want for your birthday?
あなたは誕生日に何がほしいですか。 |

| **classroom**
[klǽsrùːm] | 名 教室
No one is in the classroom.
教室内に誰もいません。 |

| **computer**
[kəmpjúːtər] | 名 コンピュータ
We use computers in the class.
私たちは授業でコンピュータを使います。 |

library
[láibrèri]

名 図書館, 図書室
My favorite place is the school library.
私の一番好きな場所は学校の図書室です。

concert
[ká:nsərt]

名 コンサート, 音楽会, 演奏会
I enjoyed the concert very much.
私はコンサートをとても楽しみました。

date
[déit]

名 日, 日付
What date is it?
何日ですか。

next
[nékst]

形 次の, 今度の, 来…, 翌…,
　[to ...]…の隣の　副 次に, 今度は
用例 next Friday（次の金曜日）

practice
[præktis]

動 (…を)練習する, けいこをする　名 練習
We practice volleyball after school.
私たちは放課後にバレーボールを練習します。

station
[stéiʃən]

名 駅
Where is the station?
駅はどこにありますか。

be
[bi]

動 …である, …になる
Don't be shy.
はずかしがってはいけません。

game
[géim]

名 試合, 競技, 〔複数形で〕競技大会, 遊び,
　ゲーム
I watched the baseball game on TV.
私はテレビで野球の試合を見ました。

singer
[síŋər]

名 歌手

all
[ɔ́:l]

代 全部, 全員, すべて, みな
形 すべての, 全部の
副 まったく, すっかり

| **marker**
[má:rkər] | 名 マーカー（ペン）
Can I use this marker?
このマーカーペンを使ってもいいですか。 |

| **eraser**
[iréisər] | 名 消しゴム
Do you have another eraser?
あなたはもう1つ消しゴムを持っていますか。 |

| **many**
[méni] | 形 〔数えられる名詞の複数形につけて〕たくさんの
名 多数(の人[もの]), たくさん
豆知識 数えられない名詞にはmuchを使う。 |

| **pencil**
[pénsl] | 名 えんぴつ
用例 write my name with a pencil
　　　(えんぴつで名前を書く) |

| **racket**
[rǽkət] | 名 ラケット
用例 a badminton racket
　　　(バドミントンのラケット) |

| **shoe**
[ʃúː] | 名 〔通例複数形で〕くつ
用例 a pair of shoes(くつ1足) |

| **women**
[wímin] | 名 woman(女性)の複数形
豆知識 man(男性)の複数形はmen。 |

| **eat**
[íːt] | 動 …を食べる, 食事をする
eat-ate-eaten |

| **towel**
[táuəl] | 名 タオル, 手拭い
熟語 a bath towel(バスタオル) |

| **use**
名 [júːs] 動 [júːz] | 名 使うこと, 使用, 利用, 用途
動 …を使う, 利用する, 消費する
Use this pen.　このペンを使いなさい。 |

water
[wɔ́:tər]

名 水　動 …に水をやる
用例 a glass of water（コップ1杯の水）
water the plants（植物に水をやる）

man
[mǽn]

名 男性，男の人
豆知識 女性はwoman。

men
[mén]

名 man（男性）の複数形
豆知識 woman（女性）の複数形はwomen。

those
[ðóuz]

代 〔that（それ，あれ）の複数形〕それら，あれら
形 〔that（その，あの）の複数形〕それらの，あれらの
豆知識 「これら」はthese。

week
[wí:k]

名 週，1週間
用例 last week（先週）
next week（来週）

woman
[wúmən]

名 女性，女の人
豆知識 男性はman。

jam
[dʒǽm]

名 ジャム
用例 strawberry jam（イチゴジャム）

enjoy
[indʒɔ́i]

動 …を楽しむ
We enjoyed dinner.
私たちは夕食を楽しみました。

I enjoy soccer.

訳：ぼくはサッカーを楽しむよ。

cafeteria
[kǽfətíəriə]

名 カフェテリア（セルフサービスの食堂）
I eat lunch in the cafeteria.
私はカフェテリアで昼食を食べます。

diary
[dáiəri]

名 日記
用例 keep a diary（日記をつけている）
write in one's diary（日記をつける）

New Zealand
[n(j)ù:zí:lənd]

名 ニュージーランド
Mike is from New Zealand.
マイクはニュージーランド出身です。

left
[léft]

名 左, 左側　動 leave（去る）の過去形
形 左の　副 左に[へ]
leave-left-left

please
[plí:z]

間 どうぞ, お願いします, すみませんが
Two hamburgers, please.
ハンバーガーを2つお願いします。

teeth
[tí:θ]

名 tooth（歯）の複数形
用例 clean one's teeth（歯を磨く）

police officer
[pəlí:s à:fəsər]

名 警察官
A police officer talked to me.
警察官が私に話しかけました。

right
[ráit]

名 右, 権利
形 正しい, 間違っていない, 正確な
副 右に[へ],（場所・時間が）ちょうど, すぐに

fall
[fɔ́:l]

名 秋　動 落ちる, 落下する, 降る
fall-fell-fallen
豆知識 「秋」はautumnともいう。

here
[híər]

名 ここ
副 ここに, ここで, こちらへ
Come here.　こちらへ来なさい。

Japan
[dʒəpǽn]

名 日本
豆知識 Japanese（日本の）

spring
[spríŋ]

名 春，泉
用例 early in the spring（早春に）

summer
[sʌ́mər]

名 夏
熟語 summer vacation（夏休み）

winter
[wíntər]

名 冬
用例 winter clothes（冬服）

bed
[béd]

名 ベッド，寝床，寝台
用例 go to bed（寝る）

hungry
[hʌ́ŋgri]

形 空腹の，飢えた
用例 feel hungry（空腹を覚える）

now
[náu]

副 今，現在は，今では，今すぐ
〔文頭で〕さて，さあ，ところで
I'm free now.　私は今，暇です。

lunch
[lʌ́ntʃ]

名 昼食，ランチ，（お昼の）弁当
Let's eat lunch at the restaurant.
レストランで昼食を食べましょう。

I eat a lot of shrimp for lunch.

訳：昼食にたくさんのエビを食べる。

time
[táim]

名 時, 時間, 必要な時間, (ある長さの)期間
…なひと時, …回, …度
熟語 have a good time（楽しい時を過ごす）

up
[(弱) əp, (強) ʌp]

副 起きて, 上のほうへ
完全に, すっかり, まったく
Look up at the sky.
空を見上げなさい。

period
[píəriəd]

名 (授業の)時間, 時限, 時代
We have a music class in the fourth period.
4時間目に音楽の授業があります。

long
[lɔ́ːŋ]

形 長い　**副** 長い間, ずっと, (時間が)長く
How long did you stay in Okinawa?
あなたはどのくらいの間, 沖縄に滞在しましたか。

o'clock
[əklɑ́ːk]

副 …時（ちょうど）
It's ten o'clock.　10時ちょうどです。

short
[ʃɔ́ːrt]

形 (時間・長さ・距離が)短い
short⇔long, tall
用例 short hair（短髪）

some
[(弱) səm, (強) sʌm]

形 〔普通, 肯定文で〕いくらかの, 何人かの,
中には…もいる[ある]
代 いくらか, 多少, 少し, 数人

animal
[ǽnəml]

名 動物
熟語 plants and animals（動植物）
a wild animal（野生動物）

bird
[bə́ːrd]

名 鳥
用例 a baby bird（ひな鳥）

sheep
[ʃíːp]

名 ヒツジ
豆知識 複数形もsheep。

football
[fútbɔ̀:l]

名 サッカー〔英〕, アメリカンフットボール〔米〕

用例 a football club（アメリカンフットボール部）

sport
[spɔ́:rt]

名 スポーツ, 運動競技

What sport do you like the best?
あなたはどんなスポーツが一番好きですか。

table tennis
[téibl tènəs]

名 卓球

I'm on the table tennis team.
私は卓球チームに所属しています。

festival
[féstəvl]

名 お祭り, 祭典, 催し物

熟語 a school festival（学園祭）

notebook
[nóutbùk]

名 ノート

用例 write down English words in a notebook（英単語をノートに書き留める）

park
[pá:rk]

名 公園, 遊園地

用例 go for a walk in the park（公園に散歩に行く）

pen
[pén]

名 ペン

Can I borrow your pen?
ペンを借りてもいいですか。

ruler
[rú:lər]

名 定規

You need a ruler for the next class.
次の授業で定規が必要です。

boy
[bɔ́i]

名 男の子, 少年

boy⇔girl

bench
[béntʃ]

名 ベンチ

用例 sit on a bench（ベンチに座る）

girl [gə́:rl]	名 女の子, 少女 girl⇔boy

hair [héər]	名 (人の)髪の毛, (人・動物の)体毛, 毛 用例 a girl with long hair (長い髪の女の子)

look [lúk]	動 (注意してよく)見る, 視線を向ける, 〔look+形容詞で〕…のように見える 熟語 look at ... (…を見る)

people [pí:pl]	名 人々, 世間の人々 用例 a lot of people (たくさんの人々) 豆知識 複数扱い。

tree [trí:]	名 木, 樹木 用例 a tall tree (高い木) climb trees (木に登る)

together [təgéðər]	副 一緒に, ともに 用例 go out together (一緒に外出する)

idea [aidí:ə]	名 考え, アイデア, 思いつき, 意見, 見当, 想像 熟語 have no idea (わからない, 見当がつかない) 豆知識 アクセントの位置に注意。ディを強く読む。

juice [dʒú:s]	名 ジュース 用例 orange juice (オレンジジュース)

need [ní:d]	名 必要, 必要なもの, 必要性, 困窮, 困っている状態, 貧困 動 …が必要である, …を必要とする

big [bíg]	形 大きい big⇔little, small 用例 a big room (大きい部屋)

camping
[kǽmpiŋ]

名 キャンプ（すること）
用例 go on a camping trip（キャンプ旅行する）

lot
[lάːt]

副〔a lotまたはlotsで〕たくさん，よく，大いに
用例 think a lot（よく考える）

go
[góu]

動 行く，出発する
I go to a convenience store every day.
私は毎日コンビニに行きます。

mountain
[máuntn]

名 山
We can see a beautiful mountain.
美しい山を見ることができます。

small
[smɔ́ːl]

形 小さい，（面積が）狭い
small⇔large, big
用例 a small town（小さな町）

wonderful
[wʌ́ndərfl]

形 すばらしい，すてきな，見事な
用例 a wonderful picture（すばらしい絵）

year
[jíər]

名 年，1年，〔数詞のあとで〕…歳，年齢
用例 last year（昨年）

book
[búk]

名 本，書物
You read a lot of books.
あなたはたくさんの本を読みます。

comic book
[kάːmik bùk]

名 マンガ本
This comic book is popular.
このマンガ本は人気があります。

movie
[múːvi]

名 映画
I often go to the movies.
私はよく映画に行きます。

■■■ 代名詞一覧を覚えよ!

代名詞とは同じ言葉の繰り返しを避けるために，代わりに使う言葉。

■ 一人称…「自分」を指していう。I は文中であってもいつも大文字で書くので注意する。

■ 二人称…「自分」が話しかける「相手」を指している。

■ 三人称…一人称，二人称以外の人や物を指している。

人称			代名詞			
			～は, ～が （主格）	～の （所有格）	～を, ～に （目的格）	～のもの （所有代名詞）
一人称	私	単数	I	my	me	mine
二人称	あなた		you	your	you	yours
三人称	彼		he	his	him	his
	彼女		she	her	her	hers
	それ		it	its	it	—
一人称	私たち	複数	we	our	us	ours
二人称	あなたたち		you	your	you	yours
三人称	彼ら・彼女ら・それら		they	their	them	theirs
その他	トラゾー		Torazo	Torazo's	Torazo	Torazo's

［置きかえ方］

・Peinto and I（ぺいんとと私）
　→ we（私たち）

・you and Sinigami（あなたとしにがみ）
　→ you（あなたたち）

・Kuronoa and his cats（クロノアと彼のネコ）
　→ they（彼ら）

> 自分を含まないときは，二人称か三人称と考える。

picture
[píktʃər]

名 絵, 絵画, 写真
用例 take a picture（写真を撮る）
draw a picture（絵を描く）

sometimes
[sʌ́mtàimz]

副 ときどき, 時には
I sometimes swim.　私はときどき泳ぎます。

banana
[bənǽnə]

名 バナナ
I eat a banana every day.
私は毎日バナナを食べます。

beach
[bíːtʃ]

名 浜, 海辺, ビーチ
用例 walk along the beach（海辺沿いを歩く）

beautiful
[bjúːtəfl]

形 美しい, きれいな
用例 a beautiful flower（美しい花）

dive
[dáiv]

動 もぐる, ダイビングをする, 飛び込む,
（飛行機・鳥などが）急降下する
用例 dive into the sea（海に飛び込む）

has
[（弱）həs,（強）hæz]

動 haveの三人称単数現在形
He has a dog.
彼はイヌを飼っています。

beat
[bíːt]

動 どきどきする, …を打ち負かす, …をたたく
beat-beat-beaten

I beat on a lot of blocks.

　訳：たくさんのブロックをたたいたぞ。

old
[óuld]

形 古い, 昔からの, 年をとった, …歳の,
(作られてから)…年[月]になる

old⇔young, new

student
[st(j)úːdnt]

名 学生, 生徒

He is a student at this school.
彼はこの学校の生徒です。

weekend
[wíːkènd]

名 週末

I play tennis on weekends.
私は週末にテニスをします。

camera
[kǽmərə]

名 カメラ

He has a nice camera.
彼はすてきなカメラを持っています。

blog
[bláːg]

名 ブログ

Do you write a blog?
あなたはブログを書きますか。

supermarket
[súːpərmàːrkət]

名 スーパーマーケット

Please buy some milk at the supermarket.
スーパーマーケットで牛乳を買ってください。

get
[gét]

動 …を得る, 受け取る, 手に入れる, 買う,
(ある状態)になる, (…に)着く, 到着する, 行く

get-got-got[gotten]

sea
[síː]

名 海, 〔形容詞的〕海(の)

用例 swim in the sea (海で泳ぐ)
the Sea of Japan (日本海)

take
[téik]

動 (写真など)を撮る, (ある行動)をとる, する
…に乗る, …を持って行く, …を連れて行く

take-took-taken

write
[ráit]

動 書く, (文字[文章])を書く

write-wrote-written
熟語 write an e-mail (Eメールを書く)

any
[éni]

形〔疑問文などで〕いくらかの, 何らかの
〔主に肯定文で〕どんな…でも
〔否定文などで〕少しの…も(~ない)

bean
[bíːn]

名豆
Torazo makes bean soup.
トラゾーは豆スープを作ります。

shaved ice
[ʃéivd áis]

名かき氷
Peinto eats shaved ice in summer.
ぺいんとは夏にかき氷を食べます。

sour
[sáuər]

形すっぱい, 酸味のきいた
Lemons are sour.
レモンはすっぱいです。

home
[hóum]

名家庭, 家　副家に[へ]
用例 at home(在宅している)
home economics(家庭科)

ice cream
[áis kriːm]

名アイスクリーム
Let's eat ice cream.
アイスクリームを食べましょう。

sweet
[swiːt]

形甘い　名(ふつうsweetsで)お菓子
sweet⇔bitter
豆知識 人に対して「優しい」「かわいい」といった意
味で使うこともある。

busy
[bízi]

形忙しい
busy⇔free

chair
[tʃéər]

名いす
Please sit in this chair.
このいすに座ってください。

moment
[móumənt]

名瞬間, ちょっとの間, 一瞬
Wait[Just] a moment.
ちょっと待ってください。

door
[dɔ́ːr]

名 ドア, 戸, 扉
Don't close the door.
ドアを閉めないでください。

help
[hélp]

名 手伝い, 助け, 援助
動 …を手伝う, 助ける, …の役に立つ
熟語 help ... with ~(…を~の面で手伝う)

homework
[hóumwə̀ːrk]

名 宿題
用例 a lot of homework(たくさんの宿題)
豆知識 homeworkは数えられない名詞。

open
[óupən]

動 (…を)開く, 開ける, 開く, …を始める
形 開いた, 開いている, 屋根のない, 広々とした
open⇔close

buy
[bái]

動 …を買う
buy-bought-bought
用例 buy a book(本を買う)

U.K.
[jùːkéi]

名 (theをつけて)イギリス
用例 from the U.K.(イギリス出身)
豆知識 the United Kingdomの略。

know
[nóu]

動 …を知る, 知っている, わかる
know-knew-known
I don't know.　知りません[わかりません]。

show
[ʃóu]

名 見せ物, ショー
動 …を見せる, 示す, 教える
show-showed-shown
用例 a comedy show(お笑い番組)

hand
[hǽnd]

名 手
熟語 shake hands(握手する)
　　raise one's hand(手をあげる)

only
[óunli]

形 唯一の, ただ一人の
副 たった…, …だけ, …しか, ほんの…
用例 an only child(一人っ子)

cake
[kéik]

名 ケーキ
Torazo baked a cake.
トラゾーはケーキを焼きました。

chocolate
[tʃá:klət]

名 チョコレート
She likes chocolate.
彼女はチョコレートが好きです。

coffee
[kɔ́:fi]

名 コーヒー
Kuronoa often drinks coffee.
クロノアはよくコーヒーを飲みます。

pizza
[pí:tsə]

名 ピザ
I like vegetable pizza.
私は野菜のピザが好きです。

history
[hístəri]

名 歴史, 経歴
Does Torazo study history?
トラゾーは歴史を勉強しますか。

ticket
[tíkət]

名 切符, 入場券, チケット, 乗車券
Where can I buy a train ticket?
どこで電車の乗車券が買えますか。

nose
[nóuz]

名 鼻
My nose is running.
鼻水が出ます。

morning
[mɔ́:rniŋ]

名 朝, 午前
用例 in the morning（朝に）
Good morning.　おはよう。

office
[á:fəs]

名 事務所, 会社, 役所, 事務室, 診察室,
仕事部屋
用例 a post office（郵便局）
　　 a school nurse's office（保健室）

party
[pá:rti]

名 パーティー,（社交の）会
用例 a birthday party（誕生日会）
　　 have a party（パーティーを開く）

forward
[fɔ́:rwərd]

副 前へ、前方へ
用例 go forward(前進する)
熟語 look forward to ...(…を楽しみに待つ)

video game
[vídiòu gèim]

名 テレビゲーム
The members of Nichijogumi enjoy video games.
日常組のメンバーはテレビゲームを楽しみます。

house
[háus]

名 家, 住宅
Kuronoa wants a new house.
クロノアは新しい家をほしいと思っています。

shop
[ʃá:p]

名 店　動 買い物をする
用例 go shopping(買い物に行く)
　　　a coffee shop(喫茶店)

talk
[tɔ́:k]

動 話す, しゃべる, 話をする
熟語 talk to[with] ...(…と話す)
用例 talk in English(英語で話す)

then
[ðén]

副 そのとき, その頃,(その)当時,
　　それから, 次に, そのあとで
熟語 ... and then ~(…それから~)

think
[θíŋk]

動 考える, 思う
think-thought-thought
I think so.　私はそう思います。

TV
[tì:ví:]

名 テレビ(放送)
豆知識 televisionの略。
熟語 watch TV(テレビを見る)

card
[ká:rd]

名 カード, はがき
Sinigami got a card.
しにがみははがきを受け取りました。

forever
[fərévər]

副 ずっと, いつまでも, 永久に, 永遠に
Let's be friends forever.
ずっと友達でいましょう。

happy
[hǽpi]

形 幸せな, うれしい, 楽しい
happy⇔sad, unhappy
Happy birthday. 誕生日おめでとう。

present
[préznt]

名 贈り物, プレゼント
This is a present for you.
これはあなたへのプレゼントです。

teach
[tíːtʃ]

動 …を教える
teach-taught-taught

T-shirt
[tíːʃə̀ːrt]

名 Tシャツ
Kuronoa bought a blue T-shirt.
クロノアは青色のTシャツを買いました。

New Year
[n(j)úː jíər]

名 新年, 正月
Happy New Year.
新年おめでとう。

dinner
[dínər]

名 夕食, 食事
用例 eat[have]dinner(夕食を食べる)
cook[make]dinner(夕食を作る)

dish
[díʃ]

名 皿, 食器類, 料理,(料理の)1品
熟語 wash[do] the dishes(皿を洗う)

country
[kʌ́ntri]

名 国, 国土
用例 a foreign country(外国)

doctor
[dáːktər]

名 医者, 医師
用例 see a doctor(医者に診察してもらう)
豆知識 「博士」という意味もある。

hospital
[háːspitl]

名 病院
用例 leave (the) hospital(退院する)
Where is the hospital? 病院はどこですか。

work [wə́:rk]	名 仕事, 職業, 職場 動 働く, 仕事をする, 勉強する, 努力する 　（調子よく）動く,（計画などが）うまくいく
presentation [pri:zentéiʃən]	名 発表, プレゼンテーション 熟語 give a presentation（発表をする） 用例 a good presentation（よい発表）
listen [lísn]	動 （じっと）聞く, 耳を傾ける 熟語 listen to ...（…を聞く） Listen to me.　私の言うことを聞きなさい。
museum [mju:zí:əm]	名 美術館, 博物館 They visited the museum. 彼らは博物館を訪れました。
children [tʃíldrən]	名 child（子供）の複数形 用例 Children's Day（こどもの日）
clean [klí:n]	動 …をきれいにする, 掃除する, 片づける 形 きれいな, 清潔な
river [rívər]	名 川, 河川 He lives by the river. 彼は川のそばに住んでいます。
stop [stá:p]	名 停留所, 駅　動 …をやめる, とまる, やめ させる, 立ち止まる stop⇔start[begin]
excuse [ikskjú:z]	名 言い訳　動 …を許す, 大目に見る Excuse me. 失礼します。/ すみません。
pardon [pá:rdn]	動 〔聞き返すときに用いる〕…を許す, 容赦する Pardon me. もう一度言ってください。/ すみません。

traffic
[trǽfik]

名 (車の)往来，交通(量)

用例 a lot of traffic(交通量が多い)
a traffic accident(交通事故)

traffic light
[trǽfik làit]

名 交通信号，信号機

Turn left at that traffic light.
あの信号で左に曲がりなさい。

post office
[póust ɑ̀:fəs]

名 郵便局

I went to the post office.
私は郵便局に行きました。

street
[strí:t]

名 通り，道，街路，通路

a busy street(混み合った通り)

song
[sɔ́:ŋ]

名 歌

Peinto can sing this song.
ぺいんとはこの歌を歌うことができます。

cheer
[tʃíər]

動 …を元気づける

熟語 cheer up(元気づける，元気が出る)

original
[ərídʒənl]

形 独創的な，独自の

Is this his original song?
これは彼独自の歌ですか。

bus
[bʌ́s]

名 バス

用例 by bus(バスで)
take a bus(バスに乗る)

interested
[íntərəstid]

形 興味を持っている

熟語 be interested in ...(…に興味がある)

Mt.
[màunt]

名 〔山の名前の前につけて〕…山

用例 Mt. Fuji(富士山)
豆知識 mountの略。

sunrise [sʌ́nràiz]	名 日の出 We watched a beautiful sunrise. 私たちは美しい日の出を見ました。
foot [fút]	名 足 用例 on foot（徒歩で） 豆知識 複数形はfeet。
probably [prá:bəbli]	副 おそらく, たぶん, 十中八九 He is probably angry. 彼はたぶん怒っているでしょう。
last [lǽst]	形 この前の, 昨…, 先…, 最後の, 最終の 用例 last week（先週） last night（昨夜）
Big Ben [bíg bén]	名 ビッグベン〔英国国会議事堂の時計塔の鐘〕 That is Big Ben. あれがビックベンです。
stand [stǽnd]	動 立つ, 立っている stand-stood-stood 熟語 stand up（立ち上がる）
tower [táuər]	名 塔, タワー Tokyo Tower is tall. 東京タワーは高いです。
brush [brʌ́ʃ]	名 ブラシ　動 …を磨く, ブラシをかける 熟語 brush one's teeth（歯を磨く） brush one's hair（髪をブラシでとかす）
New Year's Day [n(j)úː jíərz déi]	名 元日 I go to the temple on New Year's Day. 私は元日にお寺に行きます。
hotel [houtél]	名 ホテル, 旅館 We stayed at a nice hotel. 私たちはすてきなホテルに滞在しました。

outdoor
[áutdɔ̀ːr]

形 屋外の, 屋外用の, 戸外の, 野外の
outdoor⇔indoor
豆知識 outは「外に」という意味。

pick
[pík]

動 …を摘み取る, …をつまみとる, …を取る
用例 pick strawberries（イチゴを摘み取る）
熟語 pick up ...（…を拾い上げる）

trash
[trǽʃ]

名 ごみ, くず
熟語 trash can[box]（ごみ箱）
　　take out the trash（ごみを出す）

kitchen
[kítʃən]

名 台所, キッチン,〔形容詞的〕台所用の
My mother is in the kitchen now.
母は今, 台所にいます。

shower
[ʃáuər]

名 シャワー, にわか雨
熟語 take[have] a shower（シャワーを浴びる）

bookstore
[búkstɔ̀ːr]

名 書店
Torazo bought a book at a bookstore.
トラゾーは本屋で本を買いました。

fire station
[fáiər stèiʃən]

名 消防署
My school is near the fire station.
私の学校は消防署の近くにあります。

post
[póust]

名 郵便, 郵便物, 郵便箱
動 （インターネットで情報など）を掲示する
豆知識 mailboxも郵便箱という意味。

these [ðíːz]	代〔this（これ）の複数形〕これら 形〔this（この）の複数形〕これらの Look at these cats.　これらのネコを見て。
bread [bréd]	名パン，食パン 用例 bake bread（パンを焼く） 　　 a piece of bread（パン1切れ）
corn [kɔ́ːrn]	名トウモロコシ 用例 corn soup（コーンスープ） I like corn.　私はトウモロコシが好きです。
pleasure [pléʒər]	名楽しみ，喜び Thank you. － My pleasure. ありがとう。ーどういたしまして。
chorus [kɔ́ːrəs]	名合唱，合唱団 用例 a chorus club（合唱部） 　　 a chorus contest（合唱コンクール）
field trip [fíːld tríp]	名遠足，校外見学 We'll go to a park on the field trip. 私たちは遠足で公園に行きます。
relay [ríːlei]	名リレー競走 用例 join a relay（リレーに参加する） 　　 run in a relay（リレーで走る）
runner [rʌ́nər]	名走者 用例 a fast runner（速い走者）
flower [fláuər]	名花 用例 water flowers（花に水をやる） 　　 grow flowers（花を育てる）
drop [drɑ́ːp]	名しずく，落ちること 動…を落とす，落ちる

dollar
[dá:lər]

名 ドル〔通貨の単位〕
This T-shirt is 30 dollars.
このTシャツは30ドルです。

put
[pút]

動 …を置く, 入れる, つける
put-put-put
熟語 put on ...（…を身につける）

face
[féis]

名 顔, 表情
用例 wash one's face（顔を洗う）
熟語 face to face（向かい合って）

out
[áut]

副 外へ[に], 外出して
熟語 go out（外出する）
She is out.　彼女は外出中です。

find
[fáind]

動 …を見つける, …を発見する, …を見い
だす
find-found-found
用例 find a key（鍵を見つける）

cookie
[kúki]

名 クッキー, ビスケット
I like chocolate cookies.
私はチョコレートのクッキーが好きです。

head
[héd]

名 頭, 頭部
Torazo has a hat on his head.
トラゾーは頭に帽子をかぶっています。

meter
[mí:tər]

名 メートル
用例 ... meter(s) long（長さ…メートル）
　　 ... meter(s) high（高さ…メートル）

album
[ǽlbəm]

名 アルバム
I put pictures in this album.
私はこのアルバムに写真を貼りました。

meet
[mí:t]

動 （…に）会う, …と出会う, 面会する
I want to meet you.
私はあなたに会いたいです。

質問力を身につけよ！
疑問詞を使った表現

疑問詞は形容詞のはたらきをして，〈What＋名詞〉「何の名詞」や〈Which＋名詞〉「どの名詞」などの形で，いろいろな内容をたずねることができる。

「何時」	What time is it now? ── It's ten thirty. 今，何時ですか。── 10時30分です。
「何曜日」	What day is it today? ── It's Wednesday. 今日は何曜日ですか。── 水曜日です。
「何日」	What date is it today? ── It's April 3rd. 今日は何日ですか。── 4月3日です。
「何歳」	How old are you? ── I'm twelve years old. あなたは何歳ですか。── 私は12歳です。
「いくつ」	How many balls do you have? ── I have two. あなたはいくつのボールを持っていますか。 ── 私は2つ持っています。
「どのくらいの長さ ［期間］」	How long is the summer vacation? ── It's about forty days. 夏休みはどのくらいの長さですか。── 約40日間です。
「いくら」	How much is this bag? ── It's two thousand yen. このかばんはいくらですか。── それは2,000円です。
「どのくらいの 頻度で」	How often do you read books? ── Once a week. あなたはどのくらいの頻度で本を読みますか。──週に1回です。
「どのくらいの距離」	How far is your house from our school? ── It's about five minutes on foot. 学校からあなたの家までどのくらいの距離ですか。 ── 徒歩で5分くらいです。

Mission 2

初級単語を制覇せよ

tall [tɔ́ːl]	形 身長［高さ］が…ある, 背が高い,（細長く）高い tall⇔short
Chinese [tʃàiníːz]	名 中国人, 中国語 形 中国の, 中国人［語］の Can you speak Chinese? あなたは中国語が話せますか。
bicycle [báisəkl]	名 自転車（= bike） 用例 ride a bicycle（自転車に乗る） 熟語 by［on a］bicycle（自転車で）
carrot [kérət]	名 ニンジン Rabbits eat carrots. ウサギはニンジンを食べます。
easy [íːzi]	形 やさしい, 簡単な, 容易な, 楽な easy⇔hard, difficult, uneasy 用例 an easy question（簡単な質問）
onion [ʌ́njən]	名 タマネギ Torazo cut an onion. トラゾーはタマネギを切りました。
potato [pətéitou]	名 ジャガイモ 用例 potato chips（ポテトチップ）
tomato [təméitou]	名 トマト 用例 tomato salad（トマトサラダ）
bridge [brídʒ]	名 橋, かけ橋 用例 cross a bridge（橋を渡る） a bridge over a river（川にかかる橋）
car [káːr]	名 車, 自動車 He goes to his office by car. 彼は車で会社に行きます。

e-mail
[í:mèil]

名 Eメール, 電子メール
用例 write an e-mail（Eメールを書く）
send an e-mail（Eメールを送る）

paper
[péipər]

名 紙, 用紙, 新聞
用例 a sheet of paper（1枚の紙）
a paper bag（紙袋）

phone
[fóun]

名 電話, 電話機
用例 a phone number（電話番号）
熟語 on the phone（電話で）

ground
[gráund]

名 地面, 土地, 運動場
用例 sit on the ground（地面に座る）

start
[stá:rt]

動 …を始める, 始まる, 出発する
start⇔stop, finish
I started walking.　私は歩き始めました。

young
[jʌ́ŋ]

形 若い, 幼い
young⇔old
Sinigami is young.　しにがみは若いです。

bathroom
[bæθrù:m]

名 浴室, トイレ
用例 clean the bathroom（浴室を掃除する）
Where's the bathroom?　トイレはどこですか。

plate
[pléit]

名 皿, 取り皿
Can I have a plate?
お皿をいただけますか。

wash
[wá:ʃ]

動 …を洗う, 洗濯する
Wash your hands.　手を洗いなさい。

finger
[fíŋgər]

名 （手の）指
用例 little finger（小指）
豆知識 親指はthumb。

story
[stɔ́:ri]

名 話, 物語
用例 tell a story（物語を話す）
a true story（実話）

large
[lá:rdʒ]

形 大きい, 広い, 大規模な, 多い
large⇔small
用例 in large part（大部分）

letter
[létər]

名 手紙, 文字
用例 send a letter（手紙を出す）

sit
[sít]

動 座る, 座っている
sit-sat-sat
熟語 sit down（座る, 着席する）

slow
[slóu]

形 遅い
slow⇔fast, quick, rapid
用例 a slow train（普通［鈍行］列車）

glass
[glǽs]

名 コップ, グラス
用例 a glass window（ガラス窓）
豆知識 glassesで「眼鏡」という意味になる。

milk
[mílk]

名 牛乳, ミルク
用例 a glass of milk（コップ1杯の牛乳）

soft
[sɔ́:ft]

形 やわらかい
soft⇔hard
用例 a soft towel（やわらかいタオル）

meat
[mí:t]

名 肉
Let's buy some meat at the supermarket.
スーパーマーケットで肉を買いましょう。

culture
[kʌ́ltʃər]

名 文化
用例 different culture（異なった文化）
Japanese culture（日本文化）

sleep
[slíːp]

動 眠る, 寝ている
sleep-slept-slept
用例 sleep in bed（ベッドで眠る）

newspaper
[n(j)úːzpèipər]

名 新聞, 新聞紙
用例 morning newspaper（朝刊）
　　 school newspaper（学校新聞）

fly
[flái]

動 飛ぶ, 飛行機で行く
fly-flew-flown
Penguins can't fly.　ペンギンは飛べません。

close
動 [klóuz] 形 [klóus]

動 …を閉じる, 閉める, (店・施設が)閉まる
形 接近した, (試合などが)接戦の, 親密な, 親しい
close⇔open

sky
[skái]

名 空, 大空
A bird is flying in the sky.
鳥が空を飛んでいます。

store
[stɔ́ːr]

名 店, 商店　動 …を蓄える
用例 store water（水を蓄える）
　　 a shoe store（くつ屋）

pretty
[príti]

形 かわいい, きれいな
Kuronoa has pretty cats.
クロノアはかわいいネコを飼っています。

department store
[dipáːrtmənt stɔ̀ːr]

名 デパート, 百貨店
We have a department store in our town.
私たちの町にはデパートがあります。

building
[bíldiŋ]

名 建物, ビル
用例 a school building（校舎）
　　 a station building（駅舎）

daughter
[dɔ́ːtər]

名 娘
daughter⇔son
用例 an only daughter（一人娘）

ready
[rédi]

形 用意ができて
Are you ready?　準備はいいですか。
熟語 get ready（準備をする，身じたくを整える）

son
[sʌ́n]

名 息子
son⇔daughter
She has two sons.　彼女は息子が二人います。

coat
[kóut]

名 上着，コート
用例 wear a coat（コートを着る）

shirt
[ʃə́:rt]

名 シャツ，ワイシャツ
Peinto wants a yellow shirt.
ぺいんとは黄色いシャツがほしいです。

cut
[kʌ́t]

動 …を切る，…の供給を止める
cut-cut-cut
用例 cut vegetables（野菜を切る）

magazine
[mǽgəzi:n]

名 雑誌
I often read a magazine.
私はよく雑誌を読みます。

bedroom
[bédrù:m]

名 寝室
How many bedrooms does your house have?
あなたの家には寝室がいくつありますか。

world
[wə́:rld]

名 世界，世界中の人々
用例 around [all over] the world
（世界中で）

We saved this world!

訳：世界を救った！

cup
[kʌ́p]

名 カップ, (コーヒー, 紅茶用の)茶わん
This is Kuronoa's coffee cup.
これはクロノアのコーヒーカップです。

dancer
[dǽnsər]

名 ダンサー, おどる人
Is he a good dancer?
彼は上手なダンサーですか。

dictionary
[díkʃənèri]

名 辞書, 辞典
用例 an English-Japanese dictionary
（英和辞典）

ear
[íər]

名 耳
Rabbits have long ears.
ウサギは長い耳をしています。

feet
[fíːt]

名 foot(足)の複数形
His feet are big.　彼の足は大きいです。
My feet are cold.　足が冷たいです。

firefighter
[fáiərfàitər]

名 消防士
These firefighters are brave.
これらの消防士は勇敢です。

floor
[flɔ́ːr]

名 (建物の個々の)階, 床, (海などの)底
用例 on the first floor（1階に）
clean the floor（床を掃除する）

flute
[flúːt]

名 フルート, 横笛
Who can play the flute?
誰がフルートを演奏することができますか。

garden
[gáːrdn]

名 庭, 庭園, 菜園
用例 a flower garden（花園）
a vegetable garden（菜園）

hamburger
[hǽmbàːrgər]

名 ハンバーガー
Can I have a hamburger?
ハンバーガーを1ついただけますか。

jump
[dʒʌ́mp]

名 ジャンプ, 跳躍
動 跳ぶ, 跳びはねる, ジャンプする
用例 jump rope（縄跳び（をする））

leg
[lég]

名 脚, 足
用例 long legs（長い脚）
豆知識 legは足首から上の部分を指すことが多い。

monkey
[mʌ́ŋki]

名 サル
Many monkeys live on that mountain.
たくさんのサルがあの山に住んでいます。

paint
[péint]

動（絵具で絵を）描く, ペンキを塗る
用例 paint a picture（絵を描く）
豆知識 「（線で）描く」はdraw。

pet
[pét]

名 ペット
How many pets does Kuronoa have?
クロノアは何匹のペットを飼っていますか。

pie
[pái]

名 パイ
My mother baked an apple pie.
母がアップルパイを焼きました。

police station
[pəlí:s stèiʃən]

名 警察署
Is that a police station?
あれは警察署ですか。

pool
[pú:l]

名 プール
用例 a swimming pool（（水泳の）プール）

pumpkin
[pʌ́mpkin]

名 カボチャ
用例 a pumpkin pie（カボチャのパイ）
　　 pumpkin soup（カボチャのスープ）

radio
[réidiou]

名 ラジオ（放送, 番組）
用例 listen to the radio（ラジオを聞く）
　　 a radio station（ラジオの放送局）

sandwich
[sǽndwitʃ]

名 サンドイッチ
用例 make sandwiches（サンドイッチを作る）
豆知識 ハムサンドのようにサンドとは略さない。

skate
[skéit]

動 スケートをする
Who can skate well?
誰が上手にスケートをすることができますか。

sleepy
[slíːpi]

形 眠い
Torazo is sleepy.　トラゾーは眠いです。

strawberry
[strɔ́ːbèri]

名 イチゴ
用例 pick strawberries（イチゴを摘み取る）

better
[bétər]

形 〔good, wellの比較級〕よりよい, よくなって
副 〔well, very muchの比較級〕よりよく, より以上に
用例 a better idea（よりよい考え）

bacon
[béikən]

名 ベーコン
用例 bacon and eggs（ベーコンエッグ）
　　a piece of bacon（ベーコン1切れ）

table
[téibl]

名 テーブル, 食卓
用例 clear the table（食卓を片付ける）
　　sit at the table（食卓につく）

butterfly
[bʌ́tərflài]

名 チョウ
用例 catch a butterfly（チョウを捕まえる）

taxi
[tǽksi]

名 タクシー
用例 take a taxi（タクシーに乗る）
　　call a taxi（タクシーを呼ぶ）

cabbage
[kǽbidʒ]

名 キャベツ
Nagano is famous for its cabbage.
長野はキャベツで有名です。

cheerful
[tʃíərfl]

形 陽気な, 明るい, 元気のよい
Peinto is cheerful.　ぺいんとは陽気です。
豆知識 cheerは「元気づける」という意味の動詞。

test
[tést]

名 試験, 検査, テスト
用例 take a test（テストを受ける）
How was the test?　テストはどうでしたか。

textbook
[tékstbùk]

名 教科書, テキスト
用例 open a textbook（教科書を開く）
　　 a math textbook（数学の教科書）

cow
[káu]

名 牛, 乳牛
My grandfather has many cows.
祖父はたくさんの牛を飼っています。

does
[（弱）dəz,（強）dʌz]

動〔主語が三人称・単数で現在のときのdoの形〕
He always does his best.
彼はいつでも全力を尽くします。

engineer
[èndʒəníər]

名 技師, エンジニア
The man is an engineer.
その男性はエンジニアです。

fox
[fá:ks]

名 キツネ
I saw a fox in the field.
私は野原でキツネを見ました。

train
[tréin]

名 列車, 電車
用例 take a train（電車に乗る）
　　 by train（電車で）

lemon
[lémən]

名 レモン
用例 tea with lemon（レモンティー）
　　 lemon juice（レモンジュース）

melon
[mélən]

名 メロン
Melons are my favorite fruit.
メロンは私の大好きな果物です。

net
[nét]

名 網, ネット

They catch fish with this net.
彼らはこの網で魚を捕まえます。

New York
[n(j)ù: jɔ́:rk]

名 ニューヨーク〔アメリカの州, 市〕

My friend lives in New York.
私の友達はニューヨークに住んでいます。

octopus
[ɑ́:ktəpəs]

名 タコ

We need an octopus for *takoyaki*.
私たちはたこ焼きにタコが必要です。

volleyball
[vɑ́:libɔ̀:l]

名 バレーボール

用例 play volleyball (バレーボールをする)
　　 a volleyball player (バレーボール選手)

wall
[wɔ́:l]

名 壁, へい

用例 on the wall (壁に)
　　 the Great Wall (万里の長城)

want
[wʌ́nt]

動 …がほしい, …を望む

What do you want for your birthday?
あなたは誕生日に何がほしいですか。

penguin
[péŋgwin]

名 ペンギン

A penguin jumped into the water.
ペンギンが水の中に飛び込みました。

operation
[ὰ:pəréiʃən]

名 手術

My father had an operation yesterday.
父は昨日, 手術を受けました。

I had an operation,
but my voice didn't change.

訳:手術したけど, 声は変わらなかった。

restroom
[réstrùːm]

名 トイレ, 洗面所
I clean the restroom every day.
私は毎日洗面所を掃除します。

rice ball
[ráis bɔ̀ːl]

名 おにぎり
I eat rice balls for breakfast.
私は朝食におにぎりを食べます。

step
[stép]

名 歩み, 足取り, 階段
動 歩く
熟語 step by step (一歩一歩)

track and field
[trǽk ənd fíːld]

名 陸上競技
Are you on the track and field team?
あなたは陸上競技チームに所属していますか。

vet
[vét]

名 獣医
He took his dog to a vet.
彼は自分のイヌを獣医に連れて行きました。

wipe
[wáip]

動 (…の表面を) ふく, ぬぐう
用例 wipe the window (窓をふく)
wipe one's face with a towel
(タオルで顔をふく)

group
[grúːp]

名 グループ, 団体
Make groups of five.
5人のグループを作りなさい。

junior
[dʒúːnjər]

形 年下の, 下級の
用例 a junior high school student (中学生)

join
[dʒɔ́in]

動 …に加わる, 参加する
用例 join a club (部に加わる)
Can I join you? 参加してもいいですか。

painting
[péintiŋ]

名 絵, 絵画, 絵を描くこと
用例 an oil painting (油絵)
豆知識 絵の具などで描かれた絵を指す。

cheese
[tʃíːz]

名 チーズ
用例 a slice of cheese（チーズ1切れ）
豆知識 cheeseは数えられない名詞。

America
[əmérikə]

名 アメリカ合衆国
He is from America.　彼はアメリカ出身です。
豆知識 正式名称はthe United States of America

popular
[pάːpjələr]

形 人気のある, 流行の
Nichijogumi is popular in my class.
日常組は私のクラスで人気があります。

map
[mǽp]

名 地図
用例 a street map（市街地図）
　　draw a map（地図を描く）

town
[táun]

名 町
I live in a small town.
私は小さな町に住んでいます。

interesting
[íntərəstiŋ]

形 おもしろい, 興味深い
Your idea is interesting.
あなたの考えは興味深いです。

picnic
[píknik]

名 ピクニック, 遠足
用例 go on a picnic（ピクニックに行く）
　　a picnic lunch（ピクニック用の昼食）

sound
[sáund]

名 音, 物音, 響き
動〔sound+形容詞で〕…に聞こえる, 思える
That sounds interesting.　おもしろそうです。

toast
[tóust]

名 トースト
用例 a slice of toast（トースト1枚）
豆知識 toastは数えられない名詞。

band
[bǽnd]

名 バンド, 楽団
用例 a brass band club（吹奏楽部）
　　play in a band（バンドで演奏する）

「～するだろう」「～する予定だ」というときの文

未来を表すときの表現を2つ紹介。その場で決めた未来のことは**助動詞のwill**，すでに予定していたことや計画していたことは，**be going to ～**で表す。

[例] Torazo **will** check the dining room.
　　　トラゾーは食堂を確認するでしょう。

[例] Peinto **is going to** work in the
　　　field.　　　toのあとは動詞の原形
　　　ぺいんとは畑で働く予定です。

否定文は**willのあとにnot**を置き，**will not[won't]** とする。
be going to ～は**be動詞の文と同じで，be動詞のあとにnot**を置く。

[例] Sinigami **will not** go to bed today.
　　　しにがみは今日寝ないでしょう。

[例] They **aren't going to** build a house tomorrow.
　　　彼らは明日家を建てる予定はありません。

疑問文は**willを主語の前に置く**。答えるときもwillを使う。
be going to ～は**be動詞の文と同じで，be動詞を文の最初に置く**。

[例] **Will** he buy this T-shirt?　彼はこのTシャツを買うつもりですか。
　　　——Yes, he **will**. / No, he **won't**.
　　　——はい，買うつもりです。/ いいえ，買うつもりではありません。

trumpet
[trʌ́mpət]

名 トランペット
I can play the trumpet.
私はトランペットを演奏することができます。

hall
[hɔ́:l]

名 会館, ホール, 公会堂, 玄関, 廊下
用例 a city hall（市役所）
a concert hall（コンサートホール）

dream
[drí:m]

名 夢
What is your future dream?
あなたの将来の夢は何ですか。

excited
[iksáitid]

形 興奮した, わくわくした
People are excited about the game.
人々はその試合に興奮しています。

win
[wín]

動 …に勝つ
win-won-won
win⇔lose

hard
[há:rd]

形 （物が）かたい, しっかりした
副 熱心に, 一生懸命に
用例 hard bread（かたいパン）
practice hard（熱心に練習する）

someday
[sʌ́mdèi]

副 （未来の）いつか, そのうち
Let's meet again someday.
いつかまた会いましょう。

bring
[bríŋ]

動 （…に）～を持ってくる, ～を連れてくる
Bring your lunch to school.
学校に昼食を持ってきなさい。

coach
[kóutʃ]

名 コーチ, 指導者
He is the coach of our tennis team.
彼は私たちのテニスチームのコーチです。

off
[ɔ́:f]

副 休んで,（電気などが）切れて, 脱いで
熟語 turn off ...（…を消す）
take off ...（…を脱ぐ）

front [fr√nt]	名 前方, 前部, 正面　形 前の, 前方の front⇔back 熟語 in front of ... (…の前に)
turn [tá:rn]	名 順番　動 曲がる 用例 turn right[left] (右[左]に曲がる) It's my turn.　私の番です。
worry [wá:ri]	動 心配する, 気にする, 悩む Don't worry. 心配しないで。
autumn [ó:təm]	名 秋 用例 in autumn (秋に) 豆知識 「秋」はfallともいう。
season [sí:zn]	名 季節, 時期 What's your favorite season? あなたの一番好きな季節は何ですか。
break [bréik]	名 休憩, 小休止 動 …を壊す, 割る, 破壊する break-broke-broken 用例 a lunch break (昼休み)
snack [snǽk]	名 軽食, 間食, おやつ He eats cookies for a snack. 彼はおやつにクッキーを食べます。
jog [dʒá:g]	動 ゆっくり走る, ジョギングする My brother jogs every morning. 兄[弟]は毎朝ジョギングします。
quiet [kwáiət]	形 静かな, 黙った, 無口な, おとなしい quiet⇔noisy Be quiet.　静かにしなさい。
over [óuvər]	副 向こうへ, あちらへ, こちらへ 前 …を超えて, …のいたるところに, …の上に over⇔under

noodle
[nú:dl]

名 ヌードル, めん

Torazo cooked noodles for lunch.
トラゾーは昼食にめんを調理しました。

something
[sʌ́mθiŋ]

代 何か, あるもの

用例 something to drink（何か飲むもの）

thirsty
[θə́:rsti]

形 のどのかわいた

Sinigami is thirsty.
しにがみはのどがかわいています。

candy
[kǽndi]

名 キャンディー, 砂糖菓子

用例 eat candy（キャンディーを食べる）

delicious
[dilíʃəs]

形 とてもおいしい

This cake is delicious.
このケーキはとてもおいしいです。

end
[énd]

名 終わり, 最後, 結末, 端, 先端
動 …を終える, 終わる

用例 the end of the month（月末）

fishing
[fíʃiŋ]

名 （魚）つり

用例 go fishing（つりに行く）
enjoy fishing（つりを楽しむ）

yesterday
[jéstərdei]

名 昨日　副 昨日（は）

Kuronoa played video games yesterday.
クロノアは昨日, テレビゲームをしました。

comic
[ká:mik]

名 マンガ

用例 a comic book（マンガ本）
read comics（マンガを読む）

famous
[féiməs]

形 有名な

Nichijogumi is famous for game streaming.
日常組はゲーム配信で有名です。

other [ʌðər]	代 ほかのもの［人］，別のもの［人］ 形 （2つの中で）もう1つ［一方］の，別の 熟語 the other day（先日）
poster [póustər]	名 ポスター，広告 Look at that poster. あのポスターを見なさい。
tell [tél]	動 …に話す，知らせる，教える Tell me your phone number. あなたの電話番号を教えてください。
stadium [stéidiəm]	名 スタジアム，競技場，球場 The singer had a concert at the stadium. その歌手はスタジアムでコンサートをしました。
speech [spíːtʃ]	名 スピーチ，演説 用例 make a speech（演説をする） 豆知識 複数形はspeeches。
language [lǽŋgwidʒ]	名 言語，（ある国・民族の）ことば 用例 a foreign language（外国語） spoken language（話し言葉）
life [láif]	名 生活，暮らし，生命，命，生き物，一生，人 生 用例 live a long life（長生きする） 豆知識 複数形はlives。
village [vílidʒ]	名 村 用例 live in a village（村に住む） a small village（小さな村）

That is a village.

訳：あれは村だ。

question
[kwéstʃən]

名 質問, 問い, 問題
用例 an easy question（簡単な問題）
Any questions?　何か質問はありますか。

sorry
[sá:ri]

形 申し訳なく思って, 気の毒で, かわいそうで
I'm sorry to hear that.
それを聞いて気の毒に思います。

problem
[prá:bləm]

名 問題, 課題, やっかいなこと
No problem.
問題ありません。／ どういたしまして。

artist
[á:rtəst]

名 芸術家, 画家, アーティスト, 芸能人
He is a famous artist.
彼は有名な芸術家です。

drum
[drʌ́m]

名 太鼓, ドラム
用例 play the drums（ドラムを演奏する）
　　a Japanese drum（和太鼓）

piece
[pí:s]

名 作品, 部分, 断片, 破片
用例 a piano piece（ピアノ曲）
熟語 a piece of ...（1片の…）

place
[pléis]

名 場所, ところ, 地域, 順位
I visited some famous places in America.
私はアメリカで有名な場所を数か所訪れました。

useful
[jú:sfl]

形 役に立つ, 便利な, 有用な
The internet is useful.
インターネットは便利です。

different
[dífərnt]

形 いろいろな, さまざまな, 違った, 異なった
用例 different food（さまざまな食べ物）
熟語 be different from ...（…とは違っている）

spaghetti
[spəgéti]

名 スパゲッティ
Does Torazo sometimes make spaghetti?
トラゾーはときどきスパゲッティを作りますか。

careful
[kéərfl]

形 注意深い, 慎重な, 気をつける

He is very careful.　彼はとても慎重です。
Be careful.　気をつけなさい。

maybe
[méibi]

副 たぶん, おそらく, もしかしたら

Maybe Kuronoa will win the game.
たぶん, クロノアがゲームに勝つでしょう。

still
[stíl]

副 まだ, 今でも, 今なお

I'm still sleepy.　私は今なお眠いです。
It's still raining.　まだ雨が降っています。

bad
[bǽd]

形 悪い, よくない, ひどい, いやな

bad-worse-worst
bad⇔good

dentist
[déntəst]

名 歯科医

I went to see a dentist.
私は歯医者に診てもらいに行きました。

fever
[fíːvər]

名 熱, 発熱

用例 a high fever（高熱）
熟語 have a fever（熱がある）

headache
[hédèik]

名 頭痛

用例 a bad headache（ひどい頭痛）
熟語 have a headache（頭痛がする）

stomachache
[stʌ́məkèik]

名 胃痛, 腹痛

熟語 have a stomachache（腹痛がする）
豆知識 acheは「痛み」という意味。

wrong
[rɔ́ːŋ]

形 具合が悪い, 間違った

用例 What's wrong?　どうしましたか。
the wrong answer（間違った答え）

clothes
[klóuz]

名 衣服, 着物

用例 wear clothes（服を着る）
change clothes（服を着替える）

free
[frí:]

形 手が空いている, 暇な

free⇔busy
I'm free today.　今日は暇です。

fun
[fʌ́n]

名 楽しみ, おもしろいこと

用例 have fun（楽しむ）
It was a lot of fun.　とても楽しかったです。

video
[vídiòu]

名 映像, ビデオ, 動画

The videos of Nichijogumi are fun.
日常組の動画はおもしろいです。

best
[bést]

形 〔goodの最上級〕最もよい　名 最もよいもの
副 〔well, very muchの最上級〕最もよく, 一番
熟語 like ... (the) best（…が一番好きだ）

say
[séi]

動 …を言う, 話す, 述べる

say-said-said
用例 say nothing（何も言わない）

course
[kɔ́:rs]

名 進路, 方針, 講座, コース

用例 a summer course（夏期講習）
熟語 of course（もちろん）

forget
[fərgét]

動 …を忘れる

forget-forgot-forgotten［forgot］
forget⇔remember

happen
[hǽpən]

動 起こる, 生じる

What happened?
何が起こりましたか。/ どうしましたか。

dear
[díər]

形 〔手紙の書き出しで〕親愛なる…

Dear Peinto,　親愛なるぺいんと,
Dear all,　皆様,

soon
[sú:n]

副 すぐに, まもなく, じきに

See you soon.　また会いましょう。
I'll be back soon.　すぐに戻ります。

cousin
[kʌ́zn]

名 いとこ
How many cousins do you have?
あなたは何人のいとこがいますか。

difficult
[dífikəlt]

形 難しい, 困難な, 苦しい, 厳しい
difficult⇔easy
用例 have a difficult time（苦しむ）

future
[fjúːtʃər]

形 未来の, 将来の　名 未来, 将来
用例 a future plan（将来の計画）
熟語 in the future（将来は）

job
[dʒáːb]

名 職業, 仕事, 務め
用例 find［get］a job（職を得る）
Good job.　よくやりました。

sick
[sík]

形 病気の, 具合が悪い
熟語 be sick in bed（病気で寝ている）
You look sick.　あなたは具合が悪そうです。

try
[trái]

動 （…を）試す, やってみる, 努力する
用例 try to read the book（本を読もうと努力する）
try reading the book（本を読んでみる）

late
[léit]

形 遅れた, 遅刻した
late⇔early
熟語 be late for ...（…に遅れる）

later
[léitər]

副 もっと遅く, あとで, のちほど
用例 three days later（3日後）
I'll talk to you later.　のちほど話します。

line
[láin]

名 列, 行列, 並び, 行, (鉄道・バスなどの)路線
用例 take the Yamanote Line（山手線に乗る）
熟語 in line（一列になって）

understand
[ʌ̀ndərstǽnd]

動 …を理解する, わかる
understand-understood-understood
Do you understand?　わかりましたか。

visit
[vízət]

動 …を訪問する
We visited a museum yesterday.
私たちは昨日，博物館を訪問しました。

child
[tʃáild]

名 子供
用例 have a child（子供がいる）
豆知識 複数形はchildren。

money
[mʌ́ni]

名 お金，金銭，通貨
用例 get some money（いくらかのお金を得る）
豆知識 moneyは数えられない名詞。

much
[mʌ́tʃ]

代 多量，多額　形 多量の，たくさんの
副 〔動詞を修飾して〕おおいに，たいへん，とても
much-more-most

volunteer
[vὰ:ləntíər]

名 ボランティア
I joined a volunteer group.
私はボランティア団体に参加しました。

sad
[sǽd]

形 悲しい
sad⇔glad
用例 sad news（悲しい知らせ）

light
[láit]

名 光，明かり，照明，電灯　形 軽い，薄い
light⇔heavy（重い）
用例 traffic light（交通信号）

plan
[plǽn]

名 計画，予定，プラン　動 …を計画する
用例 plan a trip（旅行を計画する）
熟語 make a plan（計画をたてる）

Why did we go through with this plan?

　訳：なんでこの計画を通したんだっけ。

word
[wə́:rd]

名 語, 単語, 言葉, 歌詞

She can read some Chinese words.
彼女はいくつかの中国語を読むことができます。

way
[wéi]

名 道, 道筋, 方法, やり方

Could you tell me the way to the station?
駅への道を教えてくださいませんか。

stay
[stéi]

動 滞在する, 泊まる, とどまる, いる
名 滞在

用例 stay at a hotel（ホテルに滞在する）
stay with my uncle（おじの家に泊まる）

trip
[tríp]

名 旅行

熟語 go on a trip（旅行に行く）
Have a nice trip.　よい旅を。

easily
[íːzəli]

副 簡単に, やさしく, 容易に, 楽に, たやすく

Peinto can use the computer easily.
ぺいんとは簡単にコンピュータを使えます。

information
[ìnfərméiʃən]

名 情報

用例 useful information（有益な情報）
豆知識 informationは数えられない名詞。

tired
[táiərd]

形 疲れた

Kuronoa looks tired.
クロノアは疲れているようです。

vacation
[veikéiʃən]

名 休み, 休暇, 休日

用例 take a vacation（休暇をとる）
during the vacation（休みの間に）

actor
[ǽktər]

名 （女性を含む）俳優, 役者

That woman is a great actor.
あの女性はすばらしい役者です。

full
[fúl]

形 いっぱいの, 満ちた, 満腹の

用例 the full moon（満月）
熟語 be full of ...（…でいっぱいである）

London
[lʌ́ndən]

名 ロンドン
My sister lives in London.
私の姉[妹]はロンドンに住んでいます。

musical
[mjúːzikl]

名 ミュージカル
I want to see a musical in New York.
私はニューヨークでミュージカルが見たいです。

part
[páːrt]

名 部分, 役, (仕事の)役目, 部品, パーツ, 地域
用例 play an important part（重要な役割を果たす）
熟語 take part in ...（…に参加する）

theater
[θíːətər]

名 劇場, 映画館
We saw a movie at the theater.
私たちは映画館で映画を見ました。

thing
[θíŋ]

名 もの, こと
I have a lot of things to do.
私はすべきことがたくさんあります。

travel
[trǽvl]

名 旅行　動 旅行する, 旅をする
用例 travel abroad（海外旅行をする）
　　travel around Japan（日本中を旅する）

each
[íːtʃ]

代 それぞれ, めいめい　形 それぞれの, 各自の
用例 each student（生徒それぞれ）
熟語 each other（お互い）

envelope
[énvəlòup]

名 封筒
I put a card into the envelope.
私はカードを封筒に入れました。

early
[ə́ːrli]

副 （時間的・時期的に）早く, 早めに
early⇔late
用例 get up early（早く起きる）

parent
[péərənt]

名 親, 〔複数形で〕両親
My parents are teachers.
私の両親は教師です。

動詞の意味を補助する役割
助動詞大攻略！

助動詞は動詞の前に置き，動詞に意味を加える。
助動詞のあとに続く動詞は基本的に原形。

助動詞	意　味	
will	〜するだろう（予測）	〜するつもりである（意志）
can	〜することができる（可能・能力）	〜してもよい（許可）
may	〜かもしれない（推量）	〜してもよい（許可）
should	〜するべきだ（義務・提案）	〜のはずだ（当然）
must	〜しなければならない（義務）	〜に違いない（推量）

■ be able to 〜は「〜できる」という意味。他の助動詞とともに使ったり，未来の文で使ったりすることができる。

〔例〕 Sinigami **will be able to** make a new world.
　　　しにがみは新しい世界を作ることができるでしょう。

■ have to 〜は「〜しなければならない」という意味。否定文の don't[doesn't] have to 〜は「〜する必要はない」という意味。また，過去形は had to 〜となる。

〔例〕 Torazo **doesn't have to** clean his room today.
　　　今日，トラゾーは彼の部屋を掃除する必要はありません。

■助動詞を使って許可を求めたり，依頼をしたりするときは，**Can[May] I 〜?**「〜してもいいですか」, **Can[Will] you 〜?**「〜してくれますか」を使う。**Could you 〜?**はよりていねいな表現。

relax
[riléks]

動 くつろぐ, リラックスする
用例 relax at home　家でくつろぐ
豆知識 「くつろがせる(ような)」はrelaxing。

special
[spéʃəl]

形 特別の, 特殊な, 大事な
用例 a special memory(特別な思い出)
　　a special seat(特別席)

miss
[mís]

動 …がいないのをさびしく思う,
　　機会を逃す, …を逃す, …を見逃す
用例 miss the train(電車に乗り遅れる)
I miss you.　あなたがいなくてさびしいです。

outside
[àutsáid]

副 外で[に, へ]
outside⇔inside
Please wait outside.　外で待ってください。

contest
[ká:ntest]

名 コンテスト, コンクール, 競技会, 競争
用例 a speech contest(弁論大会)
　　win a contest(コンテストで優勝する)

another
[ənʌðər]

形 ほかの, 別の, 違った, もう1つの, もう1人の
代 もう1つ[1人], 別のもの[人, こと]
用例 another cup of tea(お茶のおかわり)

half
[hǽf]

名 半分, 2分の1　　形 半分の, 2分の1の
用例 half of the pizza(ピザの半分)
　　half an hour(30分)

hope
[hóup]

動 …を望む, 願う, …だとよいと思う
I hope you like this present.
あなたがこのプレゼントを気に入るといいな。

lose
[lú:z]

動 (試合などに)負ける, 敗れる,
　　…をなくす, 失う, 紛失する
lose-lost-lost

lake
[léik]

名 湖, 湖水
You can swim in the lake.
あなたたちはその湖で泳ぐことができます。

back [bǽk]	副 戻って, 返して, 帰って 用例 come back soon（すぐに戻って来る） 　　call back later（あとでかけ直す）

photo [fóutou]	名 写真〔photographを短縮した語〕 Sinigami took some photos. しにがみは何枚か写真を撮りました。

steak [stéik]	名 ステーキ I had steak for dinner. 私は夕食にステーキを食べました。

event [ivént]	名 行事, イベント, 催し物, 出来事 What school events does your school have? あなたの学校にはどんな行事がありますか。

away [əwéi]	副 （距離的に）離れて, 遠くに, 向こうへ, 　 去って 熟語 be away from ...（…から離れて） 　　go away（去る）

kind [káind]	名 種類 形 親切な, 優しい, 思いやりのある 熟語 many kinds of ...（たくさんの種類の…）

sell [sél]	動 …を売る, 売っている sell-sold-sold sell⇔buy

anything [éniθiŋ]	代 〔否定文で〕何も（…ない）,〔疑問文で〕何か 〔肯定文で〕何でも Anything new?　何かありましたか。

become [bikʌ́m]	動 …になる become-became-become 用例 become famous（有名になる）

eye [ái]	名 目, 視力 Please close your eyes. あなたの目を閉じてください。

give
[gív]

動 (…に)〜を与える, 渡す, もたらす
give-gave-given
熟語 give up(やめる, 諦める)

again
[əgén]

副 もう一度, 再び, また
Please say that again.
もう一度言ってください。

ask
[æsk]

動 (…を[に])たずねる, (…に)〜を頼む
用例 ask a question(質問する)
　　　ask for help(助けを求める)

remember
[rimémbər]

動 覚えている, 忘れていない, 思い出す
remember⇔forget
I don't remember.　覚えていません。

smile
[smáil]

名 ほほえみ, 笑顔
動 ほほえむ, 微笑する, にっこり笑う
People are smiling.　人々はほほえんでいます。

ago
[əgóu]

副 (今から)…前に
用例 two years ago(2年前に)
　　　a long time ago(昔)

arrive
[əráiv]

動 着く, 到着する
The train will arrive at the station at seven.
電車は7時に駅に到着するでしょう。

overseas
形 [óuvərsíːz] **副** [òuvərsíːz]

形 外国[海外]への, 海外の
副 海外へ[で]
用例 go overseas(海外に行く)

holiday
[háːlədèi]

名 休日, 休暇
用例 winter holidays(冬休み)
熟語 take a holiday(休暇をとる)

husband
[hʌ́zbənd]

名 夫
He is Mrs. White's husband.
彼はホワイトさんの夫です。

wife
[wáif]

名 妻

I went to a party with my wife.
私は妻と一緒にパーティーに行きました。

chicken
[tʃíkin]

名 ニワトリ, 鶏肉, チキン

I'd like a chicken hamburger.
チキンハンバーガーをください。

far
[fáːr]

形 遠い　**副** 遠くに[へ]

far⇔near
熟語 far from ...(…から遠く離れて)

seafood
[síːfùːd]

名 シーフード, 海産物, 魚介

用例 a seafood restaurant
　　　(シーフードレストラン)
　　　seafood pizza(魚介のピザ)

gift
[gíft]

名 贈り物, 土産物

Torazo got a gift from Sinigami.
トラゾーはしにがみから贈り物をもらいました。

ton
[tʌ́n]

名 トン

There are two tons of corn.
2トンのトウモロコシがあります。

ride
[ráid]

動 …に乗る, 乗っていく

ride-rode-ridden
用例 ride a bicycle(自転車に乗る)

camp
[kǽmp]

名 キャンプ　**動** キャンプをする

We camped on the mountain.
私たちは山でキャンプをしました。

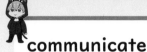

communicate
[kəmjúːnəkèit]

動 連絡する, 気持ちを伝え合う, 理解し合う
用例 communicate by e-mail
（Eメールで伝える）
熟語 communicate with ...（…と意思疎通を図る）

check
[tʃék]

動 …を調べる, チェックする, 調べる
You should check the time to go.
あなたは行く時間を調べるべきです。

certainly
[sə́ːrtnli]

副 [返事で] 承知しました
Please carry my bag.── Certainly.
私のかばんを運んでください。──承知しました。

change
[tʃéindʒ]

名 変化, 変動, 変更
動 変わる, …を変える
用例 change my clothes（服を着替える）
change trains（電車を乗りかえる）

hear
[híər]

動 …を耳にする, …が聞こえる, …を聞く
hear-heard-heard
Can you hear me?　私の言うことが聞こえますか。

India
[índiə]

名 インド
I met a student from India.
私はインド出身の学生に会いました。

company
[kʌ́mpəni]

名 会社
My father works for a food company.
父は食品会社で働いています。

cooking
[kúkiŋ]

名 料理, 料理法
用例 home cooking（家庭料理）
outdoor cooking（野外料理）

create
[kriéit]

動 …を創造する, 生み出す, つくり出す
用例 create a website（ウェブサイトをつくる）
create a team（チームをつくる）

U.S.
[júːés]

名 （theをつけて）アメリカ合衆国, 米国
I visited the U.S. last year.
私は去年, 米国を訪れました。

Italy
[ítəli]

名 イタリア
Italy has many places to see.
イタリアには見るべき場所がたくさんあります。

menu
[ménju:]

名 献立表, メニュー
Could you show me the menu?
メニューを見せていただけますか。

AI
[èiái]

名 エーアイ, 人工知能(=artificial intelligence)
What can we do with AI?
AIを使って何ができますか。

learn
[lə́:rn]

動 …を学ぶ, 習う, 覚える
I learn five new English words every day.
私は毎日5語の新しい英単語を覚えます。

article
[ɑ́:rtikl]

名 (新聞・雑誌などの)記事
This article is interesting.
この記事は興味深いです。

develop
[divéləp]

動 …を開発する, 発達させる, 発展させる
The man developed a new machine.
その男性は新しい機械を開発しました。

sense
[séns]

名 感覚, センス
Peinto has a sense of humor.
ぺいんとはユーモアのセンスがあります。

translate
[trǽnsleit]

動 …を訳す, 翻訳する
用例 translate ... from English into Japanese
(英語から日本語に…を翻訳する)

various
[véəriəs]

形 いろいろな, さまざまな
Torazo cooked various dishes.
トラゾーはさまざまな料理を作りました。

catch
[kǽtʃ]

動 …を捕まえる, …をとらえる, (病気)にかかる
catch-caught-caught
熟語 catch a cold (風邪をひく)

everything
[évriθiŋ]

代 何でも, すべてのもの[こと]
How's everything? 調子はどうですか。
Everything is fine. すべて順調です。

connect
[kənékt]

動 …を結びつける, つなぐ, 関係させる
熟語 connect ... to ~
（…を~につなぐ）

feeling
[fí:liŋ]

名 感情, 気持ち
用例 a good feeling（好感）
a feeling of happiness（幸福感）

writer
[ráitər]

名 筆者, 作家
Who is the writer of this book?
この本の筆者は誰ですか。

message
[mésidʒ]

名 伝言, メッセージ, 伝えたいこと
Can I leave a message?
伝言を残してもいいですか。

improve
[imprú:v]

動 …を改善する, 上達させる
How can I improve my English?
私はどうやって英語を上達させることができますか。

stick
[stík]

名 棒切れ, 木切れ, 小枝
The children built a castle out of sticks.
子供たちは小枝で城をつくりました。

sun
[sʌ́n]

名 太陽, 日
The sun rises in the east.
太陽は東からのぼります。

example
[igzǽmpl]

名 例, 実例
用例 a good example（よい例, 模範）
熟語 for example（例えば）

pot
[pá:t]

名 つぼ, かめ, なべ, 容器
用例 a cooking pot（調理なべ）
a tea pot（急須）

tiny
[táini]

形 ごく小さい
I found a tiny hole in my shirt.
私はシャツにごく小さな穴を見つけました。

begin
[bigín]

動 …を始める, 始まる
begin-began-begun
begin⇔finish, end

carry
[kéri]

動 …を(持ち)運ぶ, …を持っていく
Carry your chair to the next room.
隣の部屋にいすを持っていきなさい。

heavy
[hévi]

形 重い
heavy⇔light
用例 heavy rain（大雨）

bell
[bél]

名 ベル, 鈴, かね(の音)
用例 ring a bell（かねを鳴らす）
　　sound of a bell（かねの音）

move
[mú:v]

動 …を動かす, 引っ越す, 移動する,
　　…を感動させる
熟語 move from ... to ~（…から~に引っ越す）
I was so moved.　とても感動しました。

effort
[éfərt]

名 努力, 労力
熟語 with (an) effort（努力して）
　　make an effort（努力する）

result
[rizʌ́lt]

名 結果, 結末, なりゆき
用例 get a good result（よい結果を得る）
熟語 as a result（結果として）

technology
[teknά:lədʒi]

名 科学技術, テクノロジー
用例 develop a new technology
　　（新しい科学技術を開発する）

wisdom
[wízdəm]

名 知恵, 英知
用例 a man of wisdom（賢い人）
　　a wisdom tooth（(歯の)親知らず）

member
[mémbər]

名 一員, メンバー
用例 a special member（特別会員）
熟語 a member of ...（…の一員）

finish
[fíniʃ]

動 …を終える, …し終える
finish⇔start[begin]
用例 finish eating（食べ終える）

case
[kéis]

名 場合, ケース, 入れ物, 箱, 容器
用例 in that case（その場合は）
　　a pencil case（筆箱）

hobby
[hɑ́:bi]

名 趣味
Kuronoa's hobby is playing the clarinet.
クロノアの趣味はクラリネットを演奏することです。

baby
[béibi]

名 赤ちゃん, 〔形容詞的〕赤ちゃんの
The baby is crying.
赤ちゃんが泣いています。

plastic
[plǽstik]

形 プラスチック[ビニール]製の
用例 a plastic cup（プラスチック製のコップ）

American
[əmérikən]

名 アメリカ人
形 アメリカの, アメリカ人の
That girl is an American.
あの少女はアメリカ人です。

amusement park
[əmjú:zmənt pɑ̀:rk]

名 遊園地
Which amusement park do you like?
あなたはどの遊園地が好きですか。

| **center**
[séntər] | 名(活動などの)中心地, センター
用例 the center of the stage(舞台の真ん中)
a shopping center(ショッピングセンター) |

| **society**
[səsáiəti] | 名社会, 世間
用例 an information society(情報社会)
a member of society(社会の一員) |

| **east**
[íːst] | 名東, 東方, 東部
形東の, 東にある　副東へ, 東に
east⇔west |

| **west**
[wést] | 名西, 西方, 西部
形西の, 西にある　副西へ, 西に
west⇔east |

| **research**
名[ríːsəːrtʃ] 動[riːsəːrtʃ] | 名研究, 調査
動…を研究する, …を調査する
用例 research papers(論文)
熟語 do research(調査する) |

| **topic**
[táːpik] | 名話題, トピック,(講演などの)テーマ
What's the topic of the speech?
スピーチのテーマは何ですか。 |

| **quiz**
[kwíz] | 名クイズ, 小テスト
用例 a quiz show(クイズ番組)
give a quiz(小テストをする) |

| **answer**
[ǽnsər] | 名答え, 返事, 応答　動…に答える
用例 answer the phone(電話に出る)
answer the question(質問に答える) |

| **comedy**
[káːmədi] | 名喜劇, コメディー
用例 a comedy show(コメディー番組)
a comedy movie(コメディー映画) |

| **fiction**
[fíkʃən] | 名小説, 創作, 作り話, フィクション
fiction⇔nonfiction[fact]
用例 science fiction(空想科学小説[SF]) |

more
[mɔ́ːr]

名 もっと多くの物[人, 事, 量]　形 もっと多くの
副 〔比較級をつくる〕(…より)もっと〜
I want more water.　もっと水がほしいです。

percent
[pərsént]

名 パーセント
Thirty percent of the students have a pet.
学生の30%がペットを飼っています。

same
[séim]

形 同じ, 同一の
Tom and I are in the same club.
トムと私は同じクラブに所属しています。

delivery
[dilívəri]

名 配達
用例 post[mail]delivery(郵便配達)
　　delivery date(配達日)

row
[róu]

名 列, (劇場などの)座席の列
用例 sit in the front row(前の列に座る)
熟語 in a row(1列になって)

speaker
[spíːkər]

名 (ある言語を)話す人, 話者, 話す人,
　 演説者
用例 a good English speaker
　　(英語を上手に話す人)

spoke
[spóuk]

動 speak(話す)の過去形
Kuronoa spoke about his pets.
クロノアは自分のペットについて話しました。

goods
[gúdz]

名 商品, 品物
用例 daily goods(日用品)
　　sporting goods(スポーツ用品)

size
[sáiz]

名 大きさ, サイズ, 寸法
Do you have a larger size?
もっと大きなサイズはありますか。

sweater
[swétər]

名 セーター
Torazo wears a green sweater.
トラゾーは緑色のセーターを着ています。

exciting
[iksáitiŋ]

形 興奮させる, 胸をわくわくさせる, 刺激的な

What an exciting movie!
何てわくわくさせる映画なんでしょう。

leave
[líːv]

動 (…を)去る, 出発する, …を置いていく
leave-left-left
用例 leave home (家を出る)

coin
[kóin]

名 硬貨, コイン

Do you have 100 yen coins?
あなたは100円玉を持っていますか。

few
[fjúː]

形 わずかしかない, ほとんどない, 少しの
熟語 a few … (いくらかの, 少しの…)

once
[wʌ́ns]

副 かつて, 以前, 昔, 1度, 1回
用例 once a week (週に1回)
熟語 once upon a time (昔々)

kindness
[káindnəs]

名 親切(心), 思いやり, 優しさ, 親切な行為

Thank you for your kindness.
あなたの親切に感謝します。

strong
[stróːŋ]

形 強い, じょうぶな, たくましい

He's brave and strong.
彼は勇敢で強いです。

feel
[fíːl]

動 …だと感じる, 思う
feel-felt-felt
I feel good.　気分がいいです。

■ 短縮形

アポストロフィ（'）を使い，2つの単語を短くするのが短縮形。言いやすくするために使う。

もとの形	短縮形	もとの形	短縮形	もとの形	短縮形
I am	I'm	I will	I'll	are not	aren't
you are	you're	you will	you'll	is not	isn't
he is	he's	he will	he'll	was not	wasn't
she is	she's	she will	she'll	were not	weren't
it is	it's	it will	it'll	do not	don't
we are	we're	we will	we'll	does not	doesn't
they are	they're	they will	they'll	will not	won't
there is	there's	there will	there'll	cannot	can't
that is	that's	that will	that'll	※am notの短縮形はありません。	

■ 日常組と体の部位を言ってみよう

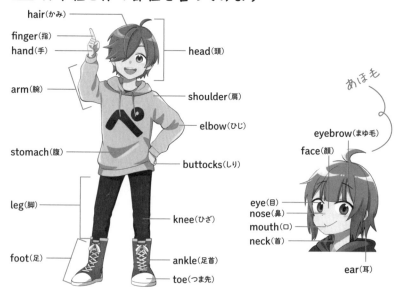

hair（かみ）
finger（指）
hand（手）
head（頭）
arm（腕）
shoulder（肩）
elbow（ひじ）
stomach（腹）
buttocks（しり）
leg（脚）
knee（ひざ）
foot（足）
ankle（足首）
toe（つま先）

あほ毛

eyebrow（まゆ毛）
face（顔）
eye（目）
nose（鼻）
mouth（口）
neck（首）
ear（耳）

3

中級単語をマスターせよ

note
[nóut]

名 メモ, 覚え書き
動 …を書き留める
熟語 take notes (メモをとる)

send
[sénd]

動 …を送る, (手紙などを)出す,
　　(人)を行かせる
send-sent-sent
用例 send an e-mail (Eメールを送る)

wake
[wéik]

動 目が覚める, 目を覚ます, 起きる
wake-woke [waked] -woken [waked]
wake⇔sleep

site
[sáit]

名 敷地, 場所, 遺跡, (インターネットの)サイト
This is a good site for camping.
ここはキャンプをするのにいい場所です。

World Heritage Site
[wə́:rld hérətidʒ sàit]

名 世界遺産
I saw a photo book of World Heritage sites.
私は世界遺産の写真集を見ました。

select
[səlékt]

動 …を選ぶ, 選択する
He was selected as a leader.
彼はリーダーに選ばれました。

unique
[ju(:)ní:k]

形 独特な, とても珍しい, 特有の,
　　ユニークな, 唯一の
There are unique animals in Australia.
オーストラリアには珍しい動物がいます。

own
[óun]

形 自分自身の, 独自の
Do you have your own car?
あなたは自分自身の車を持っていますか。

list
[líst]

名 リスト　動 …を(リストに)載せる
用例 make a list (リストを作る)
　　 be on the list (リストに載る)

beauty
[bjú:ti]

名 美しさ, 美, 魅力
用例 a beauty shop (美容院)
　　 the beauty of nature (自然美)

koala
[kouá:lə]

名 コアラ
Can we see koalas in this zoo?
この動物園でコアラを見ることができますか。

boat
[bóut]

名 船, ボート, 小舟
We went down the river by boat.
私たちはボートで川を下りました。

attractive
[ətrǽktiv]

形 魅力的な, 人を引きつける, 興味をそそる
She has attractive eyes.
彼女は魅力的な目をしています。

sink
[síŋk]

動 (水中に)しずむ
sink-sank[sunk]-sunk
用例 sink in the water(水の中にしずむ)

print
[prínt]

名 版画 **動** …を印刷する
A picture of a cat is printed on the
T-shirt.
ネコの絵がTシャツに印刷されています。

sacred
[séikrəd]

形 神聖な
This is a sacred place for local people.
ここは地元の人々にとって神聖な場所です。

similar
[símələr]

形 同じような, 似た
用例 a similar result(同じような結果)
熟語 be similar to …(…と似ている)

invite
[inváit]

動 …を招待する, 招く
She invited me to the party.
彼女は私をパーティーに招待しました。

university
[jù:nəvə́:rsəti]

名 (総合)大学
I study art at a university.
私は大学で美術を勉強します。

gather
[gǽðər]

動 …を集める, …を摘む, 集まる
用例 gather information(情報を集める)
gather flowers(花を摘む)

hunt
[hʌ́nt]

動 …を狩る, 狩りをする
用例 hunt deer（シカを狩る）
go hunting（狩りに行く）

living
[líviŋ]

形 生きている, 生活の
用例 a living thing（生き物）
a living room（居間）

share
[ʃéər]

動 …を共有する, 分かち合う
用例 share the room（部屋を共有する）
share food（食べ物を分かち合う）

bear
[béər]

名 クマ
A bear was climbing the tree.
クマはその木に登っていました。

freedom
[frí:dəm]

名 自由
用例 freedom of speech（言論の自由）
I want freedom.　私は自由がほしいです。

earth
[ə́:rθ]

名 地球
We live on earth.
私たちは地球に住んでいます。

past
[pǽst]

名 過去, 昔　形 過去の
用例 past experience（過去の経験）
熟語 in the past（過去に）

remind
[rimáind]

動 …に思い出させる, 気づかせる
This song reminds me of my school days.
この曲は私に学生時代を思い出させます。

rise
[ráiz]

動 のぼる, 上がる, 上昇する
rise-rose-risen
Prices are rising.　物価が上昇しています。

scientist
[sáiəntəst]

名 科学者
I want to be a scientist.
私は科学者になりたいです。

twice
[twáis]

副 2倍, 2度
用例 twice a day（1日に2度）
豆知識 3倍［度］以降は〈数字＋times〉で表す。

internet
[íntərnèt]

名 インターネット
熟語 on the internet（インターネットで）

match
[mætʃ]

名 試合, 競技
用例 a tennis match（テニスの試合）
win the match（試合に勝つ）

already
[ɔːlrédi]

副 すでに, もう
I've already read the book.
私はすでにその本を読みました。

website
[wébsàit]

名 ウェブサイト
Let's check the website.
ウェブサイトを調べましょう。

drive
[dráiv]

動 …を運転する, 車で行く
drive-drove-driven
用例 drive a car（車を運転する）

Hawaii
[həwáii:]

名 ハワイ〔アメリカの州〕
I visited Hawaii.
私はハワイを訪れました。

corner
[kɔ́ːrnər]

名 角, 隅
Turn left at the next corner.
次の角を左に曲がってください。

most
[móust]

副〔最上級をつくる〕最も〜
This is the most exciting movie.
これは最もわくわくする映画です。

report
[ripɔ́ːrt]

名 報告, レポート
用例 write a report（レポートを書く）
熟語 make a report（報告する）

road
[róud]

名 道路, 道
They made a new road.
彼らは新しい道を作りました。

arm
[á:rm]

名 腕
Kuronoa has a cat in his arms.
クロノアはネコを抱いています。

visitor
[vízətər]

名 来園者, 訪問者, 観光客
Many foreign visitors come to my city.
多くの外国人観光客が私の市に来ます。

angry
[ǽŋgri]

形 怒った, 腹を立てた
熟語 get angry(怒る)
He's angry at me.　彼は私に腹を立てています。

expensive
[ikspénsiv]

形 高価な, 費用のかかる
expensive⇔cheap
用例 an expensive car(高価な車)

news
[n(j)ú:z]

名 ニュース, 知らせ, 報道, 便り
用例 hear the news(ニュースを聞く)
豆知識 newsは数えられない名詞。

reach
[rí:tʃ]

動 …に着く, 到着する
I've already reached the station.
私はすでに駅に着いています。

safe
[séif]

形 安全な, 危険がない
safe⇔dangerous
用例 a safe place(安全な場所)

beef
[bíːf]

名 牛肉
The price of beef is high.
牛肉の価格は高いです。

pork
[póːrk]

名 豚肉
What will Torazo make with this pork?
トラゾーはこの豚肉で何を作るつもりですか。

farmer
[fáːrmər]

名 農場主, 農場経営者, 農業をする人
My grandfather is a farmer.
私の祖父は農場経営者です。

wear
[wéər]

動 …を着ている, 身につけている
wear-wore-worn
用例 wear glasses（眼鏡をかける）

uniform
[júːnəfɔ̀ːrm]

名 制服, ユニフォーム
Do you have to wear a school uniform?
あなたは制服を着なければなりませんか。

stage
[stéidʒ]

名 舞台, ステージ
The singer was singing on the stage.
その歌手はステージ上で歌っていました。

college
[káːlidʒ]

名（単科）大学
用例 enter college（大学に入学する）
He is a college student.　彼は大学生です。

lucky
[lʌ́ki]

形 運のよい, 幸運な
lucky⇔unlucky
用例 a lucky day（吉日）

boring
[bɔ́ːriŋ]

形 退屈な, うんざりさせる
What a boring story!
なんて退屈な話なんでしょう。

both
[bóuθ]

形 両方の, 双方の　**代** 両方
用例 both hands（両手）
熟語 both ... and ~（…も～も両方）

cherry
[tʃéri]

名 サクラの木, サクランボ
用例 a cherry tree（サクラの木）
cherry blossoms（サクラの花）

Christmas
[krísməs]

名 クリスマス
用例 on Christmas（クリスマスに）
Christmas Eve（クリスマスイブ）

dark
[dá:rk]

形 暗い
dark⇔light, bright
用例 a dark street（暗い道）

dirty
[də́:rti]

形 汚い, 汚れた
dirty⇔clean
用例 a dirty room（汚れた部屋）

draw
[drɔ́:]

動 （絵を）描く, （線を）引く
draw-drew-drawn
用例 draw a picture（絵を描く）

dress
[drés]

名 （ワンピースの）婦人服, ドレス
The girl is wearing a cute dress.
少女はかわいいドレスを着ています。

enter
[éntər]

動 （場所・物）に入る
用例 enter a room（部屋に入る）
熟語 enter the hospital（入院する）

helpful
[hélpfl]

形 助けになる, 役に立つ
Your advice was helpful.
あなたのアドバイスは役に立ちました。

farm
[fá:rm]

名 農場, 農園
The man works on a farm.
その男性は農場で働いています。

France
[fræns]

名 フランス
We can see the Eiffel Tower in France.
フランスではエッフェル塔を見られます。

dead
[déd]

形 死んでいる, 死んだ, 枯れている
用例 dead leaves（枯葉）
　　a dead body（死体）

goal
[góul]

名 目標, 目的
用例 today's goal（今日の目標）
　　reach a goal（目標を達成する）

healthy
[hélθi]

形 健康な, 健康によい, 健康的な, 健全な
healthy⇔ill, unhealthy
用例 a healthy life（健康的な生活）

hometown
[hóumtáun]

名 故郷の町［市, 村］, ふるさと
Where's your hometown?
あなたの故郷はどこですか。

horse
[hɔ́ːrs]

名 馬
Can you ride a horse?
あなたは馬に乗ることができますか。

key
[kíː]

名 鍵, 秘けつ
用例 lose a key（鍵をなくす）
　　a key to the door（ドアの鍵）

knife
[náif]

名 ナイフ, 小刀, 包丁
用例 cut ... with a knife（…をナイフで切る）
豆知識 複数形はknives。

climb
[kláim]

動 …に［を］登る
Have you climbed Mt. Fuji?
あなたは富士山に登ったことがありますか。

machine
[məʃíːn]

名 機械（装置）
How can I use this machine?
どうやってこの機械を使うことができますか。

meeting
[míːtiŋ]

名 会議，会合，集会，集まり，会
The meeting will start at three.
会議は3時に始まるでしょう。

musician
[mju(ː)zíʃən]

名 ミュージシャン，音楽家
He is my favorite musician.
彼は私の大好きなミュージシャンです。

order
[óːrdər]

動 …を注文する
Are you ready to order?
ご注文はお決まりですか。

prize
[práiz]

名 賞，賞品
用例 the Nobel Prize（ノーベル賞）
win first prize（1等賞をとる）

professional
[prəféʃənl]

形 プロの，職業上の，専門職の
She is a professional soccer player.
彼女はプロのサッカー選手です。

program
[próugræm]

名 （テレビ・ラジオの）番組，プログラム
用例 a TV program（テレビ番組）
a concert program（コンサートのプログラム）

robot
[róubɑːt]

名 ロボット
用例 develop a robot（ロボットを開発する）
a pet robot（ペット型ロボット）

shopping
[ʃáːpiŋ]

名 買い物，ショッピング
用例 a shopping bag（買い物袋）

Spanish
[spǽniʃ]

名 スペイン語［人］
形 スペインの，スペイン人［語］の
用例 Spanish dishes（スペイン料理）

star
[stá:r]

名 星
I like to see stars at night.
私は夜，星を見ることが好きです。

surfing
[sə́:rfiŋ]

名 サーフィン，波乗り
用例 net surfing　ネットサーフィン

attention
[əténʃən]

名 注意，注目，配慮，関心
熟語 pay attention to ... (…に注意する)
Attention, please.　お知らせします。

bitter
[bítər]

形 苦い，つらい
bitter⇔sweet
用例 a bitter experience (苦い経験)

city hall
[síti hɔ́:l]

名 市役所，市庁舎
People gathered in front of the city hall.
人々は市役所の前に集まりました。

closed
[klóuzd]

形 閉じた，閉店の
closed⇔open
用例 a closed door (閉じたドア)

degree
[digrí:]

名 (温度・角などの)度
It's 15 degrees Celsius today.
今日は摂氏15度です。

wait
[wéit]

動 待つ
熟語 wait for ... (…を待つ)
I can't wait.　待ちきれません。

I have been waiting
for you.

訳：君を待ってたよ。

tonight
[tənáit]

名 今夜, 今晩　副 今夜(は), 今晩(は)

Nichijogumi will play games tonight.
日常組は今夜, ゲームをするつもりです。

exactly
[igzǽktli]

副 ちょうど, まさしく, 正確に
用例 at exactly 5 o'clock (ちょうど5時に)
Exactly.　まったくそのとおり。

fence
[féns]

名 柵, 塀, 囲い, 垣

I painted the fence white.
私は柵を白く塗りました。

turtle
[tə́ːrtl]

名 ウミガメ, カメ

A turtle is swimming in the water.
ウミガメが水中を泳いでいます。

magic
[mǽdʒik]

名 魔法, 奇術　形 奇術の, 魔法の

I believe in magic.
私は魔法を信じます。

nearby
[níərbái]

形 近くの

I went to a nearby library.
私は近くの図書館に行きました。

neck
[nék]

名 首

Giraffes have long necks.
キリンは長い首をしています。

patient
[péiʃənt]

形 忍耐強い, 我慢強い　名 患者

He is patient.　彼は忍耐強いです。

pray
[préi]

動 祈る, 祈願する

I prayed for my grandparents' health.
私は祖父母の健康を祈願しました。

prefecture
[priːfektʃər]

名 県, 府

I live in Kanagawa Prefecture.
私は神奈川県に住んでいます。

proud
[práud]

形 誇りにしている, 光栄に思う

熟語 be proud of ... (…を誇りに思う)

I'm proud of you.　あなたを誇りに思います。

roller coaster
[róulər kòustər]

名 ジェットコースター

Let's ride that roller coaster.

あのジェットコースターに乗りましょう。

salty
[sɔ́:lti]

形 塩気のある, 塩辛い, しょっぱい

Don't eat too much salty food.

塩辛い食べ物を食べすぎてはいけません。

shelf
[ʃélf]

名 棚

用例 put ... on the shelf (棚の上に…を置く)

豆知識 複数形はshelves。

shoot
[ʃú:t]

動 シュートする[を決める], (弾丸など)を撃つ

shoot-shot-shot

用例 shoot a bear (クマを撃つ)

situation
[sitʃuéiʃən]

名 事態, 状況, 情勢

用例 a difficult situation (難しい状況)

What's the situation?　情勢はどうですか。

souvenir
[sù:vəníər]

名 土産

I got chocolate as a souvenir.

私は土産としてチョコレートをもらいました。

tear
[tíər]

名 〔通例複数形で〕涙, 泣くこと

用例 dry one's tears (涙をふく)

熟語 with tears (涙ながらに)

treasure
[tréʒər]

名 宝物, 重要品

They found the treasure.

彼らは宝物を見つけました。

used
[jú:zd]

形 使い古した, 中古の

used⇔new

用例 a used car (中古車)

power
[páuər]

名 力, 能力　**動** …を動力で動かす
用例 the power of nature（自然の力）
electric power（電力）

queen
[kwíːn]

名 女王, 王妃
queen⇔king
用例 become a queen（女王になる）

temple
[témpl]

名 寺, 寺院
Many people visit the temple.
たくさんの人々がその寺を訪れます。

fan
[fǽn]

名 ファン, 熱心な愛好者, 扇, うちわ, 扇風機
用例 a movie fan（映画ファン）
I'm a baseball fan.　私は野球ファンです。

crowded
[kráudid]

形 こみ合った, 満員の
用例 a crowded train（満員電車）
a crowded place（こみ合った場所）

area
[éəriə]

名 区域, 場所, 地域
用例 a camping area（キャンプ区域）
the area along the sea（海沿いの地域）

shrine
[ʃráin]

名（日本の）神社, 神宮
This shrine was built 200 years ago.
この神社は200年前に建てられました。

activity
[æktívəti]

名 活動, 運動
用例 club activities（クラブ活動）
volunteer activities（ボランティア活動）

luck
[lʌ́k]

名 運, 幸運, つき
用例 bring good luck（幸運をもたらす）
Good luck.　幸運を祈ります。

bottle
[bɑ́ːtl]

名 びん, ボトル
用例 a glass bottle（ガラスびん）
a bottle of water（1びんの水）

■■◀ 接続詞を学ぼう！

語句と語句，文と文をつなぐ言葉を接続詞という。

接続詞	意味	例文
and	〜と…，そして，それから	**Kuronoa and Torazo**（クロノアとトラゾー）
or	〜かまたは…，〜や…	**a cat or a dog**（ネコかイヌ）
so	だから，それで，では	**He is sick, so he can't come today.**（彼は病気なので，今日は来ることができません。）
but	しかし，けれども	**I'm tired, but I need to finish this.**（ぼくは疲れていますが，これを終える必要があります。）
because	〜だから，〜なので	**I'm staying home because it's raining.**（雨が降っているので，ぼくは家にいます。）
although	〜だけれども，〜にもかかわらず	**Although it's cold, he's going outside.**（寒いにもかかわらず，彼は外に行きます。）
if	もし〜ならば	**If you need help, please ask me.**（もしあなたが助けを必要とするなら，私に頼んでください。）
when	〜するときに	**When I was a child, I often played tag.**（ぼくが子どもの頃，よくおにごっこをしました。）
while	〜する間に	**He likes to listen to music while he's drinking coffee.**（彼はコーヒーを飲みながら音楽を聞くのが好きです。）
that	〜ということ，〜して	**I hear that he will move.**（ぼくは彼が引っ越すだろうと聞いています。）

tooth
[túːθ]

名 歯
用例 a bad tooth（虫歯）
豆知識 複数形はteeth。

nervous
[nə́ːrvəs]

形 不安で, 緊張して, 心配して, 自信のない
Don't be so nervous.
そんなに緊張しないでください。

straight
[stréit]

副 まっすぐに, じかに
用例 go straight（まっすぐに進む）
stand (up) straight（まっすぐに立つ）

national
[nǽʃənl]

形 国の, 国立の, 国家の
用例 a national museum（国立博物館）
a national holiday（祝日）

round
[ráund]

形 丸い, 円形の, 球形の
用例 a round table（円卓）
The earth is round.　地球は丸い。

mean
[míːn]

動 …を意味する, …のことを言う
mean-meant-meant
What do you mean?　どういう意味ですか。

pond
[pάːnd]

名 池
There's a big pond in the park.
その公園には大きな池があります。

ocean
[óuʃən]

名 大洋, 海, 海洋
We can see the ocean from the window.
窓から海が見えます。

Let's go to the great wide ocean.

shy
[ʃái]

形 恥ずかしがりの, 人見知りの, 内気な

Is Kuronoa shy?
クロノアは恥ずかしがりですか。

firework
[fáiərwèːrk]

名 花火, 〔複数形で〕花火大会

We enjoy fireworks in summer.
私たちは夏に花火を楽しみます。

age
[éidʒ]

名 年齢, 年

用例 Coming-of-Age Day（成人の日）
熟語 at the age of ...（…歳のときに）

elementary school
[èləméntəri skùːl]

名 小学校

My sister goes to this elementary school.
姉［妹］はこの小学校に通っています。

local
[lóukl]

形 その土地の, 地元の, 地域の,
その地方の

用例 local food（その地方の食べ物）
local people（地元の人々）

nature
[néitʃər]

名 自然, 自然界

We learn many things from nature.
私たちは自然から多くのことを学びます。

anyone
[éniwʌn]

代 〔疑問文・否定文で〕誰か, 誰も（…ない）

There wasn't anyone in the room.
その部屋には誰もいませんでした。

borrow
[bɑ́ːrou]

動 …を借りる

borrow⇔lend
用例 borrow ... from ~（~から…を借りる）

sure
[ʃúər]

形 確信して　**副** 〔返事で〕もちろん, いいとも

I'm sure that he'll come.
私は彼が来ると確信しています。

foreign
[fɑ́ːrən]

形 外国（へ［から］）の, 外国人の

用例 a foreign language（外国語）
a foreign country（外国）

perform
[pərfɔ́:rm]

動 …を演じる，…を上演する，演奏する
用例 perform a play（劇を上演する）
perform music（音楽を演奏する）

tie
[tái]

名 ネクタイ　**動** …をつなぐ，結び付ける
用例 tie a rope（縄を結ぶ）
豆知識 「引き分け，引き分ける」という意味もある。

rest
[rést]

名 休み，休息，休憩
動 休む，休息する，眠る
熟語 take a rest（休憩する）
Let's rest here.　ここで休みましょう。

decorate
[dékərèit]

動 …を飾る，装飾する
She decorated the room with flowers.
彼女は部屋を花で飾りました。

prepare
[pripéər]

動 …を用意する，準備する
用例 prepare lunch（昼食を用意する）
熟語 prepare for …（…の準備をする）

quickly
[kwíkli]

副 すぐに，速く，即座に，すばやく
quickly⇔slowly
用例 answer quickly（即座に答える）

wish
[wíʃ]

名 願い，望み，祝福の言葉，祈り
動 （…を）願う，望む，…であればよいのだが
熟語 make a wish（願いごとをする）

act
[ǽkt]

動 行動する
We should act right.
私たちは正しく行動するべきです。

main
[méin]

形 主な，主要な
用例 a main street（大通り）
a main dish（主要な料理）

build
[bíld]

動 …を建てる，造る，組み立てる
build-built-built
用例 build a house（家を建てる）

collect [kəlékt]	動 …を集める, 収集する, 募る 用例 collect money（集金する） collect information（情報を収集する）
plant [plǽnt]	名 植物, 草木, 草花　動 …を植える 用例 grow the plants（植物を育てる）
voice [vɔ́is]	名 声 用例 the voice of a child（子供の声） 熟語 in a loud voice（大声で）
low [lóu]	形（高さ, 声, 音, 賃金, 温度などが）低い, 小さい low ⇔ high 用例 in a low voice（低い声で）
anyway [éniwèi]	副 とにかく, それにもかかわらず, ところで Let's start it, anyway. とにかく, それを始めましょう。
choose [tʃúːz]	動 …を選ぶ, 選択する choose-chose-chosen 用例 choose one from …（…から1つ選ぶ）
performance [pərfɔ́ːrməns]	名 演技, 演奏, 公演, パフォーマンス Your performance was great. あなたの演技はすばらしかったです。
count [káunt]	動 …を数える, 計算する Please count from one to ten. 1から10まで数えてください。
spend [spénd]	動（時間）を過ごす,（お金）を費やす, 使う spend-spent-spent 用例 spend a lot of money（大金を使う）
subway [sʌ́bwèi]	名 地下鉄 Let's take the subway. 地下鉄に乗りましょう。

anywhere
[éniwèər]

副〔疑問文で〕どこかに
〔否定文で〕どこにも(…ない)
〔肯定文で〕どこに[へ]でも

nothing
[nʌ́θiŋ]

代 何も…ない, 何も…でない
Sinigami has nothing to do today.
しにがみは今日, 何もすることがありません。

traditional
[trədíʃənl]

形 伝統的な
用例 traditional food(伝統的な食べ物)
traditional clothes(伝統的な衣服)

care
[kéər]

名 世話, 介護, 保護
動 気づかう, いやと思う
熟語 take care of …(…の世話をする)

memory
[méməri]

名 記憶, 思い出, 記憶に残っていること[人]
What's your best memory?
あなたの最高の思い出は何ですか。

convenience store
[kənví:njəns stɔ̀:r]

名 コンビニエンスストア
There's a convenience store by the station.
駅のそばにコンビニエンスストアがあります。

heart
[háːrt]

名 心, 感情, 心臓
用例 a cold heart(冷たい心)
熟語 learn by heart(暗記する)

field
[fíːld]

名 野原, 実地の場
Some horses are in the field.
野原に数頭の馬がいます。

lonely
[lóunli]

形 孤独な, ひとりぼっちの, さびしい
用例 feel lonely(さびしく感じる)
I'm lonely. 私はさびしいです。

poor
[púər]

形 貧しい, かわいそうな
poor⇔rich
用例 a poor dog(かわいそうなイヌ)

rich
[rítʃ]

形 金持ちの, 裕福な

rich⇔poor

Is that man rich?　あの男性は金持ちですか。

suddenly
[sʌ́dnli]

副 突然, 急に, いきなり

The baby started crying suddenly.
突然, 赤ちゃんが泣き始めました。

important
[impɔ́ːrtnt]

形 重要な, 重大な, 大切な

Family is important to me.
私にとって家族は大切です。

police
[pəlíːs]

名 警察, 警察官

用例 call the police（警察を呼ぶ）

豆知識 1人の警察官はa police officer。

pass
[pǽs]

動 （…を）通りすぎる,（試験）に合格する

用例 pass the park（公園を通りすぎる）
　　 pass the test（テストに合格する）

several
[sévrəl]

形 いくつかの, 数個の

Peinto read several books.
ぺいんとは数冊の本を読みました。

touch
[tʌ́tʃ]

名 触れること, 連絡
動 …にさわる, 触れる

熟語 keep in touch with …（…と連絡をとる）
Don't touch it.　それにさわらないでください。

hero
[híːrou]

名 英雄, ヒーロー

用例 become a hero（英雄になる）
He's a famous hero.　彼は有名な英雄です。

You are a hero.

訳：君はヒーローだ。

experience
[ikspíəriəns]

名 経験, 体験　動 …を体験[経験]する
用例 a good experience（よい経験）
　　work experience（職業体験）

abroad
[əbrɔ́:d]

副 外国に[へ, で], 海外に[へ, で]
用例 go abroad（外国へ行く）
　　study abroad（留学する）

body
[bá:di]

名 体, 肉体
用例 a healthy body（健康な体）
　　wash one's body（体を洗う）

clerk
[klə́:rk]

名 店員, フロント係
He works as a clerk.
彼は店員として働いています。

guest
[gést]

名 客, 泊まり客
How many guests will come to the party?
パーティーに何人の客が来る予定ですか。

trouble
[trʌ́bl]

名 困難, 面倒, 迷惑, 心配（ごと）, 苦労,
　 困った状況
熟語 be in trouble（困った状況になっている）
I'm having trouble.　私は困っています。

even
[í:vn]

副 …でさえ, …でも
Even children can do that.
子供でもそれをすることができます。

never
[névər]

副 （これまで）一度も…したことがない
I've never been abroad.
私は外国に行ったことが一度もありません。

recipe
[résəpi]

名 調理法, レシピ
用例 a recipe for curry（カレーの調理法）
　　write a recipe（レシピを書く）

century
[séntʃəri]

名 世紀, 100年
用例 the twenty-first century（21世紀）
豆知識 centuryの前の数字は序数。

chef [ʃéf]	名 シェフ, コック長 She is a good chef. 彼女はよいシェフです。
produce [prəd(j)úːs]	動 …を作り出す, 製造する, 生産する, 　引き起こす They produce corn. 彼らはトウモロコシを生産しています。
thick [θík]	形 (液体などが)濃い, 濃厚な, 　どろっとした, (空気が)汚れた 用例 thick soup (どろっとしたスープ)
appear [əpíər]	動 現れる, 姿を現す, (テレビなどに)出る appear⇔disappear 用例 appear on TV (テレビに出る)
disappear [dìsəpíər]	動 姿を消す, 消滅する, 消える, 　見えなくなる disappear⇔appear 熟語 disappear from … (…から消える)
lives [láivz]	名 life(命)の複数形 The man saved many people's lives. その男性は多くの人の命を救いました。
advice [ədváis]	名 忠告, 助言, アドバイス 熟語 give advice (アドバイスする) 　ask … for advice (…に助言を求める)
surprised [sərpráizd]	形 驚いた, びっくりした 熟語 be surprised at … (…に驚く) I was surprised.　私は驚きました。
continue [kəntínjuː]	動 …を続ける 用例 continue to talk [talking] 　(話し続ける)
deep [díːp]	形 深い 用例 deep snow (深い雪) This pond is deep.　この池は深いです。

explain
[ikspléin]

動 …を説明する
Please explain your idea.
あなたの考えを説明してください。

human
[hjúːmən]

名 人間, 人　形 人間の, 人間的な
用例 a human body (人体)
We are humans.　私たちは人間です。

meaning
[míːniŋ]

名 意味
用例 the meaning of the word (単語の意味)
have no meaning (無意味である)

necessary
[nésəsèri]

形 必要な
It's necessary to study hard.
一生懸命勉強する必要があります。

reason
[ríːzn]

名 理由, わけ, 根拠
I have some reasons to do so.
そうする理由がいくつかあります。

guide
[gáid]

名 ガイド, 案内人
動 …を案内する, 道案内する, 誘導する
用例 a guide dog (盲導犬)

skill
[skil]

名 技術, 技能, 腕前
用例 communication skills
　　(コミュニケーション能力)
　　skill in cooking (料理の腕前)

tour
[túər]

名 旅行, ツアー, 見学
用例 a foreign tour (外国旅行)
　　take a tour of Shikoku
　　(四国一周旅行をする)

introduce
[intrəd(j)úːs]

動 …を紹介する
用例 introduce oneself (自己紹介する)
熟語 introduce ... to ~ (…を~に紹介する)

tourist
[túərist]

名 観光客, 旅行者
用例 a foreign tourist (外国人旅行者)
　　a tourist information office
　　(旅行案内所)

however [hauévər]	副 しかしながら, けれども, それにもかかわらず I'm not rich. However, I'm happy. 私は裕福ではないけれども, 幸せです。
burn [bá:rn]	動 …を燃やす, 焼く, 燃える burn-burned[burnt]-burned[burnt] 用例 burn leaves(葉を燃やす)
fire [fáiər]	名 火, 炎 用例 a forest fire(山火事) 熟語 catch[take] fire(火がつく)
hole [hóul]	名 穴 I found a hole in the ground. 私は地面に穴を見つけました。
everywhere [évriwèər]	副 どこでも, いたるところに[で] I see the car everywhere. 私はその車をいたるところで見かけます。
follow [fá:lou]	動 …に従う, …を守る, 続く, (人・物)の後について行く[来る] Please follow me.　私について来てください。
host [hóust]	名 (招待した客をもてなす)主人(役) host⇔guest 用例 a host family(ホストファミリー)
perfect [pə́:rfikt]	形 完全な, 完ぺきな, 最適な, 申し分ない Your answer was perfect. あなたの答えは完ぺきでした。
rule [rú:l]	名 規則, ルール 用例 break a rule(規則をやぶる) follow a rule(規則に従う)
alone [əlóun]	副 ひとりで, ただ…だけ The woman lives alone. その女性はひとりで住んでいます。

China
[tʃáinə]

名 中国
These clothes are made in China.
これらの服は中国製です。

hurt
[há:rt]

動 …を傷つける
hurt-hurt-hurt
I hurt my leg. 私は足をけがしました。

save
[séiv]

動 …を節約する，…をたくわえる［ためる］，
（時間などを）省く，救う，助ける，守る
用例 save money（お金をためる）

bored
[bó:rd]

形 退屈した，うんざりした
用例 get bored（退屈する）
You look bored. あなたは退屈そうですね。

keep
[kí:p]

動 …を持ち続ける，保存する，預かる，とって
おく，保つ，飼う，…を〜（の状態）にしておく
keep-kept-kept

especially
[ispéʃəli]

副 特に，とりわけ
He likes meat, especially beef.
彼は肉，特に牛肉が好きです。

product
[prá:dəkt]

名 製品，生産物
用例 a local product（地元の生産物）
a farm product（農産物）

everybody
[évribà:di]

代 すべての人，誰でも，みんな
Everybody is happy. みんな幸せです。
豆知識 everybodyは単数扱い。

Everybody, help me.

　訳：みんな，ぼくを助けて。

5つの文構造！
文の型を学ぼう！

英語には5つの文構造があり，それらを**文型**という。文型を構成する主な要素は，**主語＝S, 動詞＝V, 補語＝C, 目的語＝O**の4つである。

第1文型は主語と動詞（**S＋V**）の文。

〔例〕 <u>Torazo</u> <u>laughs</u>.　トラゾーは笑います。
　　　 S　　　　V

第2文型は主語，動詞と補語（**S＋V＋C**）の文。

〔例〕 <u>Torazo</u> <u>is</u> <u>a prison officer</u>.　トラゾーは看守です。
　　　 S　　　V　　　　C　　　※S＝Cの関係になる

第3文型は主語，動詞と目的語（**S＋V＋O**）の文。

〔例〕 <u>Torazo</u> <u>opened</u> <u>the door</u>.　トラゾーはドアを開けました。
　　　 S　　　　V　　　　O

第4文型は主語，動詞と目的語2つ
（**S＋V＋O₁＋O₂**）の文。

〔例〕 <u>Sinigami</u> <u>gave</u> <u>me</u> <u>a letter</u>.
　　　 S　　　　V　　O₁　O₂
　　　 しにがみはぼくに手紙をくれました。

第5文型は主語，動詞，目的語と補語（**S＋V＋O＋C**）
の文。

〔例〕 <u>Peinto</u> <u>called</u> <u>Kuronoa</u> <u>"Croissant"</u>.
　　　 S　　　　V　　　O　　　　C　　※O＝Cの関係になる
　　　 ぺいんとはクロノアを「クロワッサン」と呼びました。

staff
[stǽf]

名 職員, 従業員, スタッフ

There are four full-time staff at this restaurant.
このレストランには4人の常勤スタッフがいます。

common
[kά:mən]

形 ふつうの, よくある, 共通の

用例 a common language（共通言語）
common sense（常識）

glad
[glǽd]

形 うれしい

I'm glad to hear the news.
私はその知らせを聞いてうれしいです。

hold
[hóuld]

動 …をしっかり持って[つかんで]いる, 抱く, 所有する,（会・式など）を開く

hold-held-held

pull
[púl]

動 …をひく, ひっぱる

pull⇔push
熟語 pull out（引き抜く）

shape
[ʃéip]

名 形, 姿, 形状

用例 a round shape（丸形）
a star shape（星形）

neighbor
[néibər]

名 近所の人, 隣人

Mr. White is our neighbor.
ホワイトさんは私たちの隣人です。

action
[ǽkʃən]

名 行動,（俳優などの）動き, 演技, 動作

用例 a good action（よい行い）
熟語 take action（行動する）

horror
[hɔ́:rər]

名 恐怖, 恐ろしさ

用例 a horror movie（ホラー映画）
熟語 in horror（ぞっとして）

such
[sʌ́tʃ]

形 そのような, このような

I've never seen such a beautiful picture.
このような美しい絵を見たことがありません。

customer
[kʌ́stəmər]

名 客, 顧客
She showed some products to the customer.
彼女は客にいくつかの製品を見せました。

price
[práis]

名 価格, 値段
The price of rice is rising.
米の値段が上がっています。

knock
[nɑ́:k]

動〔ドアなどを〕ノックする,（強く）たたく
用例 knock on [at] the door
（ドアをノックする）

pay
[péi]

動（…に）〜を支払う, 払う
pay-paid-paid

pocket
[pɑ́:kət]

名 ポケット
Peinto put a key in his pocket.
ぺいんとは鍵をポケットにしまいました。

wonder
[wʌ́ndər]

動 思いをめぐらす, …だろうかと思う
I wonder what Sinigami is doing now.
しにがみは今, 何をしているかしら。

afraid
[əfréid]

形 怖がって, 恐れて
熟語 be afraid of …（…を恐れる）
Don't be afraid. 怖がってはいけません。

inside
[ìnsáid]

副 内側に, 内部に, 中で
inside⇔outside
用例 look inside（中をのぞく）

realize
[rí:əlàiz]

動 …をはっきり理解する, 気づく, …を実現する
He realized his dream.
彼は自分の夢を実現しました。

decide
[disáid]

動 …を決める, 決定する
Torazo decided to study history.
トラゾーは歴史を勉強することを決めました。

natural
[nǽtʃərəl]

形 自然の, 天然の
natural⇔artificial
用例 natural food(s)（自然食品）

type
[táip]

名 型, タイプ, 種類
熟語 type of ...（種類の…）
Kuronoa tried a new type of game.
クロノアは新型のゲームを試しました。

forest
[fɔ́:rəst]

名 森, 森林
Foxes live in this forest.
キツネがこの森に住んでいます。

leaf
[lí:f]

名 葉, 葉っぱ
用例 a fallen leaf（落ち葉）
豆知識 複数形はleaves。

damage
[dǽmidʒ]

動 損害［被害］を与える, 傷つける
My house was damaged by a strong wind.
私の家は強い風で被害を受けました。

island
[áilənd]

名 島
用例 an island country（島国）
    live on an island（島に住んでいる）

cafe
[kæféi]

名 喫茶店, カフェ
Kuronoa drank coffee at a cafe.
クロノアはカフェでコーヒーを飲みました。

middle
[mídl]

名 中央, 中心　　形 真ん中の, 中間の, 中頃の
用例 middle age（中年）
    in the middle of May（5月の中頃に）

planet
[plǽnət]

名 惑星, (theをつけて)地球
Can humans live on other planets?
人間は他の惑星に住むことができますか。

true
[trú:]

形 本当の, 真実の
用例 a true story（真実の物語）
熟語 come true（実現する）

kill [kíl]	**動** …を殺す Don't kill animals. 動物を殺さないでください。
photographer [fətá:grəfər]	**名** 写真家 She is a famous photographer. 彼女は有名な写真家です。
return [ritə́:rn]	**動** 帰る, 戻る, …を返す **用例** return home（家に帰る） **熟語** return ... to ~（…を~に返す）
scene [síːn]	**名** 景色, 光景,（映画・小説などの）場面, シーン **用例** the scene from the top of the mountain （山頂からの景色）
enough [ináf]	**形** 十分な, 必要なだけの **熟語** enough to ...（…するのに十分な） We don't have enough time. 私たちには十分な時間がありません。
land [lǽnd]	**名** 土地 The land prices are high in this city. この都市の土地の値段は高いです。
believe [bilíːv]	**動** …を信じる, 思う I believe that you're right. 私はあなたが正しいと思います。
fact [fǽkt]	**名** 事実, 現実 fact⇔fiction **熟語** in fact（実は）
brain [bréin]	**名** 脳, 頭脳 Please use your brain. 頭を使ってください。
increase [inkríːs]	**動** …を増やす, 増大させる, 増える, 　　増加する increase⇔decrease **用例** increase power（力が増す）

researcher
[ri:sə́:rtʃər]

名 研究員, 調査員

A researcher asked some questions.
調査員がいくつかの質問をしました。

variety
[vəráiəti]

名 さまざま, 変化

We sell a variety of books.
私たちはいろいろな本を売っています。

wide
[wáid]

形 幅の広い, (範囲などが)広い

wide⇔narrow
用例 a wide street (広い通り)

title
[táitl]

名 題名, 表題

What's the title of the book?
その本の題名は何ですか。

above
前 [əbʌ́v] 副 [əbʌ́v]

副 上に[の・へ・を], 上記に[の]
前 …の上に

above⇔below
用例 above the river (川の上に)

below
前 [bilòu] 副 [bilóu]

副 下に[の・へ・を], 下記に[の]
前 …の下に

below⇔above
用例 write one's name below (下に名前を書く)

swimming
[swímiŋ]

名 水泳, 泳ぐこと

用例 swimming meet (水泳大会)
    a swimming pool (プール)

athlete
[ǽθli:t]

名 運動選手, アスリート

He was a great athlete.
彼は偉大なアスリートでした。

ever
[évər]

副 〔疑問文で〕今まで, かつて

Have you ever seen pandas?
今までにパンダを見たことがありますか。

amazing
[əméiziŋ]

形 驚くべき, みごとな, すばらしい

用例 an amazing skill (みごとな腕前)
That's amazing.　それはすばらしいです。

positive
[pá:zətiv]

形 前向きな, 肯定的な, 楽観的な, 積極的な
用例 positive feelings（前向きな気持ち）
Be positive.　前向きでいなさい。

speed
[spíːd]

名 スピード, 速度
用例 increase speed（スピードを上げる）
熟語 at high speed（高速で）

winner
[wínər]

名 勝者, 受賞者
Who's the winner of the contest?
コンテストの勝者は誰ですか。

design
[dizáin]

動 …をデザインする, 設計する
用例 design a dress（ドレスをデザインする）
　　 design a house（家を設計する）

opinion
[əpínjən]

名 意見, 考え
用例 tell … one's opinion（…に自分の意見を言う）
熟語 in my opinion（私の考えでは）

possible
[pá:səbl]

形 （物事が）可能な, できる, 実行できる
possible⇔impossible
熟語 as soon as possible（なるべく早く）

user
[júːzər]

名 使用［利用］者, ユーザー
用例 an internet user（インターネット利用者）
　　 a user name（ユーザー名）

support
[səpóːrt]

動 …を支援する, 支持する, 応援する
I'll support you.
私はあなたを支持します。

bright
[bráit]

形 光っている, 明るい, 快晴の
用例 a bright color（明るい色）
　　 bright sky（快晴の空）

audience
[óːdiəns]

名 聴衆, 観客, 聞き手
A large audience gathered in the stadium.
多くの観客がスタジアムに集まりました。

awesome
[ɔ́:səm]

形 すごい, とてもいい, すばらしい, 最高の
Their concert was awesome.
彼らのコンサートは最高でした。

challenge
[tʃǽlindʒ]

名 難問, 挑戦　動 挑戦する
It is a challenge for me to get up early.
早起きすることは私の難問です。

super
[súːpər]

副 とても, すごく
用例 super happy（とても幸せな）
　　super difficult（とても難しい）

yet
[jét]

副 〔疑問文で〕もう, すでに,
　〔否定文で〕まだ, 今のところは
I haven't finished yet.　まだ終えていません。

bakery
[béikəri]

名 パン屋
I like the bread at that bakery.
私はあのパン屋のパンが好きです。

actually
[ǽktʃuəli]

副 実は, 本当は, 本当のところは
Actually, I'm a rugby fan.
実は, 私はラグビーファンです。

either
[íːðər]

副 〔否定文の文末に用いて〕…もまた（～ない）
I don't like cheese.——I don't, either.
私はチーズが好きではありません。—— 私もです。

pop
[pá:p]

形 大衆向きの, 大衆的な, ポップスの
用例 pop music（ポップス）
豆知識 popはpopularを短縮した形。

quite
[kwáit]

副 ほんとうに, とても, かなり, まあまあ
用例 quite often（よく）
　　quite interesting（かなりおもしろい）

protect
[prətékt]

動 …を守る, …を保護する
用例 protect nature（自然を保護する）
熟語 protect ... from ～（～から…を守る）

danger [déindʒər]	名 危険(な状態), 危険性
	用例 escape from danger(危険から逃れる)
	熟語 be in danger(危機に陥っている)

| **condition** [kəndíʃən] | 名 状況, 状態, 容態 |
| | 用例 be in good condition (調子がいい[健康な]) |

survive [sərváiv]	動 …を生き延びる, 生き残る
	They survived the war.
	彼らは戦争で生き残りました。

panda [pǽndə]	名 パンダ
	Sinigami saw pandas at the zoo.
	しにがみは動物園でパンダを見ました。

die [dái]	動 死ぬ
	die-died-died
	熟語 die out(絶滅する)

environment [inváiərnmənt]	名 〔theをつけて〕(自然)環境
	用例 the natural environment(自然環境)
	protect the environment(環境を保護する)

government [gʌ́vərnmənt]	名 政府, 自治体
	用例 the Japanese government(日本政府)
	a local government(地方自治体)

let [lét]	動 (人)に…させる
	I'll let you use my room.
	あなたに私の部屋を使わせてあげましょう。

population [pὰ:pjəléiʃən]	名 人口,(動物の)個体数
	用例 world('s) population(世界人口)
	have a large population(人口が多い)

affect [əfékt]	動 …に影響を与える,(人・体を)冒す
	Eating too much will affect your health.
	食べすぎはあなたの健康に影響を与えます。

species
[spíːʃiːz]

名 (生物学上の)種〔複数形もspecies〕
用例 the human species（人類）
a new species（新種）

cross
[krɔ́ːs]

動 …を渡る, 横断する, 横切る
用例 cross the road（道を横断する）
cross the bridge（橋を渡る）

effective
[iféktiv]

形 効果的な, 有効な
effective⇔ineffective
用例 an effective way（効果的な方法）

kick
[kik]

名 蹴ること, キック　動 …蹴ける
用例 kick a ball（ボールを蹴る）
熟語 give … a kick（…を蹴る）

beginning
[bigíniŋ]

名 初め, 最初, 始まり
beginning⇔end
用例 at the beginning of April（4月の初めに）

tournament
[túərnəmənt]

名 トーナメント, 選手権大会
用例 a national tournament（全国大会）
win the tournament（トーナメントで優勝する）

cry
[krái]

動 （人が）泣く, （動物が）鳴く, 叫ぶ, 大声で言う
Peinto often cries.
ぺいんとはよく叫びます。

funny
[fʌ́ni]

形 おかしい, おもしろい, こっけいな
Sinigami is funny.
しにがみはおもしろいです。

real [ríːəl]	形 本当の, 本物の, 実在する, 実質の 用例 a real name（実名） the real world（現実世界）
bomb [bάːm]	名 爆弾 用例 drop a bomb（爆弾を落とす） an atomic bomb（原子爆弾）
weak [wíːk]	形 弱い, かすかな weak ⇔ strong 用例 a weak point（弱点）
while [wáil]	名 (少しの)時間, (しばらくの)間 接 …している間に 熟語 for a while（しばらくの間）
peace [píːs]	名 平和 peace ⇔ war 用例 pray for peace（平和を祈る）
president [prézədənt]	名 大統領 用例 the President of the U.S. （アメリカ大統領）
courage [kə́ːridʒ]	名 勇気, 度胸 用例 lose courage（勇気を失う） 熟語 with courage（勇気を奮って）
fold [fóuld]	動 …を折る, 折りたたむ fold ⇔ unfold 用例 fold the paper（紙を折る）
Peace Memorial Park [píːs məmɔ́ːriəl pὰːrk]	名 平和記念公園 Have you visited Peace Memorial Park? 平和記念公園を訪れたことがありますか。
war [wɔ́ːr]	名 戦争, 戦い war ⇔ peace 用例 World War Ⅱ（第二次世界大戦）

finally
[fáinəli]

副 ついに, 最後に, やっと, ようやく
Finally, the game started.
ついに, 試合が始まりました。

announcement
[ənáunsmənt]

名 アナウンス, 発表
Listen to the announcement.
アナウンスを聞きなさい。

earthquake
[ə́ːrθkwèik]

名 地震
We had an earthquake yesterday.
昨日, 地震がありました。

parking lot
[páːrkiŋ làːt]

名 駐車場
There are many cars in the parking lot.
駐車場にはたくさんの車があります。

terrible
[térəbl]

形 恐ろしい, ひどい
用例 catch a terrible cold（ひどい風邪をひく）
terrible weather（ひどい天気）

traveler
[trǽvələr]

名 旅行者
I met travelers from China.
私は中国からの旅行者に会いました。

scared
[skéərd]

形 おびえた, 恐れる
用例 a scared voice（おびえた声）
熟語 be scared of ...（…を怖がる）

interview
[íntərvjùː]

名 面接　動 インタビュー[面接]をする
用例 a job interview（就職面接）
have an interview（面接を受ける）

drill
[dríl]

名 訓練, ドリル
用例 a fire drill（防火訓練）
a drill in English words（英単語のドリル）

instruction
[instrʌ́kʃən]

名 指示, 指図, 命令
用例 follow the instructions（指示に従う）
give instructions（指示する）

不定詞と動名詞を学ぼう！

不定詞は〈to＋動詞の原形〉，
動名詞は〈動詞の-ing形〉
の形で表し，様々な役割を持つ。

①名詞的用法の不定詞：「〜すること」

［例］Peinto wants **to do** something interesting.
　　　　　　　　　動詞の目的語
　　ぺいんとは何かおもしろいことをしたいと思っています。

［例］**To learn new things** is interesting.　新しいことを学ぶことはおもしろいです。
　　　主語

［例］**It** is interesting **to study English**.　英語を勉強することはおもしろいです。
　　　　　　　　　　itがto以下の内容を示す

②副詞的用法の不定詞：「〜するために」「〜して」

［例］Torazo went to Kyoto **to visit** temples.
　　　　　　　　　　　　　動詞の目的を表す
　　トラゾーは寺を訪れるために京都に行きました。

> happy to 〜で「〜してうれしい」，sad to 〜で「〜して悲しい」という意味。

［例］Sinigami was surprised **to see the high ceiling**.
　　　　　　　　　　　　　　感情の原因・理由
　　しにがみは高い天井を見て驚きました。

③形容詞的用法の不定詞：「〜するための」「〜すべき」

［例］They don't have anything **to ask**.　彼らはたずねることが何もありません。
　　　　　　　　　　　　↑＿＿＿＿｜後ろから情報を加える

■動名詞：「〜すること」

目的語→例）Kuronoa enjoys **walking**.

　　　　　　　クロノアは散歩することを楽しんでいます。

主　語→例）**Walking** is fun.

　　　　　　　散歩することは楽しいです。

補　語→例）His hobby is **walking**.

> enjoyやfinishは動名詞だけを目的語にとる動詞なので注意。

　　　　　　　彼の趣味は散歩をすることです。

上級単語にも挑戦せよ

international
[intərnǽʃənl]

形 国際的な
用例 an international airport（国際空港）
an international call（国際電話）

person
[pə́:rsn]

名 人, 個人
用例 a good person（善人）
a person of wisdom（賢者）

respect
[rispékt]

動 …を尊敬する, 尊重する
I really respect you.
私は本当にあなたを尊敬しています。

fight
[fáit]

動 たたかう
fight-fought-fought
熟語 fight with [against] ...（…とたたかう）

lead
[líːd]

動 …を導く, …を先導する
lead-led-led
熟語 lead ... to ～（…を～に導く）

accept
[əksépt]

動 …を受け入れる
用例 accept the fact（現実を受け入れる）
accept a job（仕事を引き受ける）

freely
[fríːli]

副 自由に
用例 talk freely（自由に話す）
move freely（自由に移動する）

movement
[múːvmənt]

名 （政治的・社会的な）運動, 活動, 動き
用例 a social movement（社会運動）
a peace movement（平和運動）

unfair
[ʌnféər]

形 不公平な, 不正な, 不当な
unfair⇔fair
用例 an unfair situation（不公平な状況）

almost
[ɔ́:lmoust]

副 ほとんど, もう少しで
It's almost three o'clock.
もう少しで3時です。

leader
[líːdər]

名 指導者, リーダー

Is Peinto the leader of Nichijogumi?
ぺいんとは日常組のリーダーですか。

peaceful
[píːsfl]

形 平和な, おだやかな

用例 a peaceful day（おだやかな日）
　　a peaceful country（平和な国）

billion
[bíljən]

名 10億

The population of China is about1.4
billion.
中国の人口は約14億です。

powerful
[páuərfl]

形 力強い, 強力な, 有力な

powerful⇔powerless
用例 a powerful bomb（強力な爆弾）

character
[kérəktər]

名 登場人物, キャラクター, 性格

用例 the main character（主役）
　　good character（よい性格）

instead
[instéd]

副 そのかわりに

熟語 instead of ...（…のかわりに）
I made dinner instead of my mother.
母のかわりに私が夕食を作りました。

plastic bag
[plǽstik bǽg]

名 ビニール袋

I don't ask for plastic bags at any shop.
私はどの店でもビニール袋をもらいません。

wrap
[rǽp]

動 …を包む, 包装する

用例 wrap the present with paper
　　（プレゼントを紙で包む）
熟語 wrap up（[活動・会を]終える, …に決着をつける）

convenient
[kənvíːnjənt]

形 便利な, 都合のよい, 手ごろな

convenient⇔inconvenient
用例 a convenient product（便利な製品）

waste
[wéist]

動 …をむだに使う

用例 waste money（（お金を）むだ使いする）
　　waste time（時間をむだにする）

air
[éər]

名 空気, 空中
用例 clear air（澄んだ空気）
熟語 in the air（空中に）

exchange
[ikstʃéindʒ]

名 交流, やりとり　動 …を交換する
用例 cultural exchange（文化交流）
　　information exchange（情報交換）
熟語 in exchange（引き換えに）

imagine
[imædʒin]

動 …を想像する, 心に思い描く
Can you imagine life in a foreign country?
外国での生活を想像できますか。

receive
[risíːv]

動 …を受け取る, もらう
receive⇔send
用例 receive an e-mail（Eメールを受け取る）

encourage
[inkə́ːridʒ]

動 …を勇気づける, 励ます
熟語 encourage ... to ~
　　（…を~するように励ます）

daily
[déili]

形 毎日の, 日常の
用例 daily goods（日用品）
　　daily life（日常生活）

Brazil
[brəzíl]

名 ブラジル
Brazil is famous for soccer.
ブラジルはサッカーで有名です。

depend
[dipénd]

動 頼る
I depend on your help.
私はあなたの助けに頼ります。

Thailand
[táilænd]

名 タイ
We can see temples in Thailand.
私たちはタイで寺院を見ることができます。

cheap
[tʃíːp]

形 （品物・料金が）安い
cheap⇔expensive
用例 a cheap bag（安いかばん）

point
[pɔ́int]

名 要点，論点，意見，考え，点数，得点
用例 win a point（得点を得る）
熟語 point of view（見方，考え方）

seem
[síːm]

動 …のように見える，思われる
熟語 seem to ...（…のように見える）
You seem tired.
あなたは疲れているように見えます。

agree
[əgríː]

動 賛成する，同意する，意見が一致する
agree⇔disagree
熟語 agree with ...（…に賛成する）

colorful
[kʌ́lərfl]

形 色彩に富んだ，色とりどりの，カラフルな
Look at those colorful flowers.
あれらの色とりどりの花を見てください。

friendly
[fréndli]

形 親切な，親しみやすい，友好的な，
　　人なつこい
friendly⇔unfriendly
用例 a friendly dog（人なつこいイヌ）

stationery
[stéiʃənèri]

名 文房具，事務用品
用例 a stationery shop[store]（文具店）
豆知識 stationeryは数えられない名詞。

side
[sáid]

名 側，面
用例 the east side of the city（市の東側）
　　the other side（裏側，向こう側）

fantastic
[fæntǽstik]

形 すばらしい，すてきな
The musical was fantastic.
そのミュージカルはすばらしかったです。

dangerous
[déindʒərəs]

形 危険な
dangerous⇔safe
用例 a dangerous area（危険区域）

health
[hélθ]

名 健康，健康状態
Take care of your health.
健康に気をつけてください。

訳：じゃんけんは英語ではロック（岩），

charge
[tʃáːrdʒ]

動 …を充電する
用例 charge a battery（電池を充電する）
charge a cell phone（携帯電話を充電する）

smartphone
[smáːrtfòun]

名 スマートフォン
Smartphones are very useful.
スマートフォンはとても便利です。

control
[kəntróul]

動 …を管理する
用例 control oneself（自制する）
control traffic（交通を管理する）

energy
[énərdʒi]

名 エネルギー
用例 atomic energy（原子力）
heat energy（熱エネルギー）

amount
[əmáunt]

名 総計, 合計, 量, 額
用例 the amount of work（仕事量）
熟語 a large amount of …（大量の…）

steam
[stíːm]

名 蒸気
This train is driven by steam.
この列車は蒸気で動きます。

solve
[sáːlv]

動 （問題などを）解決する, 解く
We have to solve this problem.
私たちはこの問題を解決しなければなりません。

scissors
[sízərz]

名 はさみ
I need scissors.
はさみが必要です。

You say *janken* in English "rock-paper-scissors."

battery
[bǽtəri]

名 電池, バッテリー
The battery is dead.
電池が切れています。

inventor
[invéntər]

名 発明家, 発明者
He is the inventor of this robot.
彼はこのロボットの発明者です。

difference
[dífərns]

名 違い, 相違（点）
熟語 the difference between ... and ～
（…と～の違い）

high school
[hái skùːl]

名 高等学校
My brother goes to high school.
兄[弟]は高校に通っています。

graduation
[grædʒuéiʃən]

名 卒業
用例 a graduation ceremony（卒業式）
熟語 graduation from ...（…卒業）

trust
[trʌ́st]

名 信用, 信頼　動 …を信頼する
trust⇔distrust
I trust you.　私はあなたを信頼しています。

focus
[fóukəs]

名 中心, 焦点　動 集中する
熟語 out of focus（ピントがずれて）
focus on ...（…に集中する）

successful
[səksésfl]

形 成功した, うまくいった
The concert was successful.
コンサートは成功しました。

beginner
[biginər]

名 初心者, 初級者
I'm a beginner at English.
私は英語の初級者です。

creative
[kriéitiv]

形 創造的な, 独創的な
用例 a creative idea（独創的な考え）
a creative essay（創造的な作文）

else [éls]	副 (その)ほかに[の] 用例 everybody else（ほかのみんな） Anything else?　ほかに何かありますか。
mirror [mírər]	名 鏡 熟語 with mirrors（魔法で） He often looks at himself in the mirror. 彼はよく自分を鏡に映して見ています。
someone [sʌ́mwʌ̀n]	代 誰か, ある人 You should ask someone else for help. あなたはほかの誰かに助けを求めるべきです。
cancer [kǽnsər]	名 (病気の)がん 用例 brain cancer（脳しゅよう） 　　die of cancer（がんで死ぬ）
active [ǽktiv]	形 活発な, 元気な Peinto is an active person. ぺいんとは元気な人です。
adult [ədʌ́lt]	名 大人 adult⇔child 用例 an adult man（大人の男性）
anymore [ènimɔ́:r]	副 〔疑問文・否定文で〕もはや, これ以上 I can't wait anymore. 私はこれ以上待てません。
award [əwɔ́:rd]	名 賞, 賞品 用例 receive an award（受賞する） 　　the Academy Awards（アカデミー賞）
bake [béik]	動 (パン・ケーキなど)を焼く Torazo tried baking a cake. トラゾーはケーキを焼いてみました。
belt [bélt]	名 ベルト, 帯 用例 a seat belt（シートベルト） 　　wear a belt（ベルトをする）

bit
[bít]

名 少し, ちょっと
動 bite(かむ)の過去形・過去分詞
bite-bit-bitten [bít]
熟語 a little bit (ほんの少し)

castle
[kǽsl]

名 城
There's a castle in my town.
私の町には城があります。

chance
[tʃǽns]

名 機会, チャンス, 可能性
用例 give ... a chance (…にチャンスを与える)
miss a chance (チャンスを逃す)

clear
[klíər]

形 明らかな, はっきりとした, 澄んだ, 晴れた
用例 clear sky (澄んだ [晴れた] 空)
a clear answer (はっきりした答え)

comfortable
[kʌ́mftəbl]

形 (家具・衣類・場所などが) 心地よい, 快適な
comfortable⇔uncomfortable
用例 a comfortable sofa (心地よいソファー)

cover
[kʌ́vər]

動 …をおおう
cover⇔uncover
熟語 be covered with ... (…でおおわれている)

deliver
[dilívər]

動 …を配達する, 届ける
用例 deliver pizza (ピザを配達する)
deliver a speech (演説する)

discovery
[diskʌ́vəri]

名 発見
It was a great discovery.
それはすばらしい発見でした。

exam
[igzǽm]

名 試験, テスト
用例 take the exam (テストを受ける)
pass the exam (テストに合格する)

excellent
[éksələnt]

形 優秀な, 非常に優れた, (評点が) 優の
用例 an excellent performance (非常に優れた公演)
an excellent result (非常に優れた結果)

exercise [éksərsàiz]	名 練習(問題), 運動, (主に身体を)動かすこと Exercise is good for your health. 運動は健康によいです。
express [iksprés]	動 …を表現する, 言い表す, 述べる 用例 express one's feeling (気持ちを言い表す) express one's idea (考えを述べる)
fail [féil]	動 失敗する, しくじる, (試験)に落ちる fail⇔succeed 用例 fail the exam (テストに落ちる)
final [fáinl]	形 最後の, 最終の 用例 the final match (決勝戦) the final exam (期末試験)
fresh [fréʃ]	形 (食物などが)新しい, 新鮮な, 出来立ての 用例 fresh meat (新鮮な肉) fresh bread (焼き立てのパン)
gate [géit]	名 門, (飛行場の)搭乗口, ゲート 用例 a school gate (校門) pass through the gate (門を通りぬける)
grow [gróu]	動 成長する, (しだいに)…になる, (植物)を育てる, (植物が)育つ grow-grew-grown 熟語 grow up (成長する, 大人になる)
hang [hǽŋ]	動 …をつるす, 掛ける, ぶら下げる, ぶら下がる hang-hung-hung 用例 hang a picture (絵を掛ける)
hit [hit]	動 …を打つ hit-hit-hit 用例 hit a ball (ボールを打つ)
junior high school [dʒúːnjər hái skùːl]	名 中学校 She is a junior high school student. 彼女は中学生です。

kid
[kíd]

動 冗談を言う, …をからかう

Are you kidding me?
私をからかっているのですか。

mind
[máind]

動 …を気にする

Would you mind if I used your pen?
あなたのペンを使ってもいいですか。

lend
[lénd]

動 …を貸す, 貸し出す

lend⇔borrow
用例 lend ... money（…にお金を貸す）

loud
[láud]

形 (声・音が)大きい, うるさい

loud⇔low, quiet
It's too loud here.　ここはうるさすぎます。

marathon
[mérəθàːn]

名 マラソン

用例 a marathon runner（マラソン選手）
finish a marathon（マラソンを完走する）

meal
[míːl]

名 食事, 料理

用例 a healthy meal（健康的な食事）
have a meal（食事をする）

medicine
[médəsn]

名 薬, 医薬, 薬剤

用例 headache medicine（頭痛薬）
take medicine（薬を飲む）

laugh
[læf]

動 (声を出して)笑う

熟語 laugh at ...（…を笑う）
Don't make me laugh.　笑わせないでください。

mystery
[místri]

名 推理小説, ミステリー, なぞ
Sinigami is reading a mystery.
しにがみは推理小説を読んでいます。

narrow
[nérou]

形 狭い, 細い
narrow ⇔ wide
用例 a narrow street(狭い道)

noise
[nɔ́iz]

名 音, 物音, 騒音
用例 a loud noise(大きな騒音)
熟語 make a noise(音をたてる)

north
[nɔ́:rθ]

名 北, 北方, 北部　形 北の, 北にある
副 北へ, 北に
north ⇔ south

northern
[nɔ́:rðərn]

形 北の, 北にある, 北部地方の
northern ⇔ southern
熟語 in the northern part of ...(…の北部に)

novel
[nɑ́:vl]

名 (長編の)小説
用例 a mystery novel(推理小説)
　　 a science fiction novel(SF小説)

online
[ɑ́:nláin]

形 オンラインの
用例 an online game(オンラインゲーム)
　　 online shopping(オンラインショッピング)

passenger
[pǽsəndʒər]

名 乗客, 旅客
There are few passengers on the train.
電車内には乗客が少ししかいません。

promise
[prɑ́:məs]

名 約束　動 約束する
熟語 keep a promise(約束を守る)
Please promise me.　私に約束してください。

push
[púʃ]

動 …を押す
用例 push the door(ドアを押す)
熟語 push back(うしろへ押しやる, 抵抗する)

raise
[réiz]

動 （質問・要求など）を出す, 提起する, 上げる
用例 raise a problem（問題を提起する）
Raise your hand. 手を上げなさい。

record
[rikɔ́:rd]

動 …を録画[録音]する
They recorded their performance.
彼らは自分たちの演奏を録音しました。

recycle
[ri:sáikl]

動 …を再利用する, …をリサイクルする
Can we recycle these cans?
これらの缶を再利用することができますか。

ring
[ríŋ]

動 …を鳴らす
ring-rang-rung
用例 ring a bell（ベルを鳴らす）

secret
[sí:krət]

名 秘密, 内緒ごと, 秘けつ 形 秘密の
用例 a secret message（秘密のメッセージ）
熟語 keep a secret（秘密を守る）

serious
[síəriəs]

形 重大な, （病気などが）重い, まじめな,
真剣な
用例 a serious problem（重大な問題）

shake
[ʃéik]

動 …を振る, ゆさぶる, ゆれる
shake-shook-shaken
熟語 shake hands（握手する）
shake down（振り払う, 振り落とす）

sign
[sáin]

名 しるし, 前兆, 看板, 標識, 掲示, 表示
用例 a traffic sign（交通標識）
a sign of rain（雨の前兆）

sincerely
[sinsíərli]

副 心から,〔手紙の結び文句として〕敬具
I am sincerely sorry.
心から申し訳なく思います。

smell
[smél]

名 におい
動 …のにおいをかぐ, …のにおいがする
Please smell these flowers.
これらの花のにおいをかいでください。

「新しいゲームが発売された」と言いたい！受け身を学ぼう！

「～される」「～されている」というように，動作を受ける側を主語にするとき，**受け身の文〈be動詞＋過去分詞〉**を使う。

［例］ The new game **was launched**. It **is called** "NICHIDENRING".
be動詞＋過去分詞

新しいゲームが発売されました。それは「ニチデンリング」と呼ばれています。

否定文は**be動詞の文と同じ**。

［例］ This bird **isn't moved** by Peinto.

この鳥はぺいんとによって動かされません。

（＝ぺいんとはこの鳥を動かしません。）

疑問文も**be動詞の文と同じ**。

［例］ **Were** these rules **made** by Sinigami?

これらのルールはしにがみによって作られましたか。

—— Yes, they **were**. / No, they **weren't**.

—— はい，作られました。/ いいえ，作られませんでした。

> 動作をする人やものは
> byを使って表す。

snake
[snéik]

名 ヘビ
I was bitten by a snake.
私はヘビにかまれました。

south
[sáuθ]

名 南, 南部, 南方
形 南の, 南にある　副 南へ, 南に
south⇔north

space
[spéis]

名 場所, 空間
用例 an open space（空き地）
　　a parking space（駐車場）

statue
[stætʃuː]

名 像, 彫像
用例 a standing statue（立像）
　　the Statue of Liberty（自由の女神）

strange
[stréindʒ]

形 変な, いつもと違う, 奇妙な, 不思議な
用例 a strange smell（変なにおい）
　　a strange sound（変な音）

able
[éibl]

形 できる, 能力がある
熟語 be able to ...（…することができる）
I was able to win.　勝つことができました。

Asia
[éiʒə]

名 アジア
用例 East Asia（東アジア）
Japan is in Asia.　日本はアジアにあります。

surf
[sə́ːrf]

動 （インターネットなど）を見て回る
用例 surf the internet［web］
（インターネット上を見て回る）

atomic
[ətáːmik]

形 原子（力）の
用例 atomic energy（原子力）
　　an atomic bomb（原子爆弾）

system
[sístəm]

名 体系, 仕組み, 組織
用例 a river system（河系）
　　make a new system（新しい組織を作る）

bat
[bǽt]

名 バット
He hit a ball with the bat.
彼はそのバットでボールを打ちました。

blossom
[blάːsəm]

名 (主に果樹の)花
用例 cherry blossoms (桜の花)
熟語 in blossom (花が咲いて)

taste
[téist]

名 味覚, 味, 風味
動 (飲食物が)…の(ような)味がする
It tastes like cheese.　チーズのような味がします。

crane
[kréin]

名 ツル
She folded a paper crane.
彼女は紙のツルを折りました。

drone
[dróun]

名 ドローン〔無線操縦の無人機〕
A drone is flying in the sky.
ドローンが空に飛んでいます。

throw
[θróu]

動 …を投げる, 放り出す
throw-threw-thrown
熟語 throw away (投げ捨てる)

tiger
[táigər]

名 トラ
Sinigami went to the zoo to see tigers.
しにがみはトラを見に動物園に行きました。

succeed
[səksíːd]

動 成功する, うまくいく
The event succeeded.
そのイベントは成功しました。

empty
[émpti]

形 からの, 誰もいない

empty⇔full
用例 an empty space（空き地）

Europe
[júərəp]

名 ヨーロッパ〔地域名〕

I want to travel around Europe.
私はヨーロッパを旅行して回りたいです。

top
[tá:p]

名 一番上の部分, 頂上, てっぺん

top⇔bottom
熟語 at the top of ...（…の一番上に）

fill
[fíl]

動 …をいっぱいに満たす, いっぱいになる

用例 fill in the blanks（空所を埋める）
熟語 be filled with ...（…でいっぱいである）

friendship
[fréndʃip]

名 友情, 友人関係, 親交

用例 a true friendship（真の友情）
　　 build a friendship（友情を築く）

hate
[héit]

動 …をひどく嫌う, 憎む

hate⇔love
I hate snakes.　私はヘビが嫌いです。

hint
[hint]

名 ヒント, 手がかり, 有益な助言

熟語 get a hint from ...（…からヒントを得る）
Give me a hint.　私にヒントをください。

issue
[íʃu:]

名 問題, 争点

用例 solve an issue（問題を解決する）
　　 raise an issue（問題を提起する）

trick
[trík]

名 芸, 手品, （手品などの）トリック

用例 do a trick（手品をする）
熟語 play a trick on ...（…をからかう）

matter
[mǽtər]

名 〔theをつけて〕困ったこと, 故障, 問題, 事件

用例 an important matter（重要な問題）
What's the matter?　どうしましたか。

official
[əfíʃəl]

形 公式の, 正式の, 公用の
用例 an official product（正規品）
　　an official language（公用語）

view
[vjú:]

名 ながめ, 景色
The view from here is great.
ここからのながめはすばらしいです。

rainbow
[réinbòu]

名 虹
I saw a rainbow after the rain.
雨のあとに虹を見ました。

recommend
[rèkəménd]

動 …を勧める, 推奨する, 推薦する
What do you recommend?
おすすめは何ですか。

reduce
[rid(j)ú:s]

動 …を減少させる, …を低減する, 減る
用例 reduce waste（ごみを減らす）
　　reduce a price（値段を下げる）

search
[sə́:rtʃ]

名 (情報)検索, サーチ　動 さがす
熟語 make a search（検索する）
　　search for ...（…をさがす）

whole
[hóul]

形 全部の, 全体の, すべての
用例 the whole world（全世界）
　　the whole body（全身）

skin
[skín]

名 皮膚, 肌, 皮
用例 dark skin（浅黒い肌）
I have dry skin.　私は乾燥肌です。

wood
[wúd]

名 木, 森, 林
用例 a wood floor（木の床）
　　made of wood（木製[造]の）

solution
[səlú:ʃən]

名 解決策
I found a good solution.
私はよい解決策を見つけました。

stretch
[strétʃ]

動 (手足[体]など)を伸ばす
Stretch your legs before running.
走る前に足を伸ばしなさい。

suggest
[səgdʒést]

動 …を提案する, すすめる
用例 suggest a plan（計画を提案する）
suggest a solution（解決策を提案する）

survivor
[sərváivər]

名 生き残った人, 生存者
He was a survivor of the earthquake.
彼はその地震の生存者でした。

valuable
[vǽljuəbl]

形 高価な, 貴重な, 価値のある
用例 a valuable experience（貴重な経験）
豆知識 valuablesで「貴重品」という意味になる。

victim
[víktim]

名 犠牲者, 被害者
They helped the victims of the accident.
彼らは事故の犠牲者を助けました。

wheelchair
[hwíːltʃèər]

名 車いす
用例 a person in a wheelchair
（車いすに乗った人）

worried
[wə́ːrid]

形 不安で, 心配して
熟語 be worried about ...（…が心配だ）

symbol
[símbl]

名 シンボル, 象徴, 記号
用例 a symbol of peace（平和の象徴）

sausage
[sɔ́ːsidʒ]

名 ソーセージ
I ate sausages and potato chips.
私はソーセージとポテトチップを食べました。

weekday
[wíːkdèi]

名 平日
用例 on weekdays（平日に）

performer
[pərfɔ́ːrmər]

名 演技者
用例 a *rakugo* performer（落語家）
　　　 a circus performer（サーカスの曲芸師）

role
[róul]

名 役, 役割
用例 an important role（重要な役割）
熟語 play the role of ...（…の役を演じる）

earn
[áːrn]

動 …をかせぐ
用例 earn 30 dollars a day（1日30ドルをかせぐ）
　　　 earn one's living（生計を立てる）

airplane
[éərplèin]

名 飛行機
用例 by airplane（飛行機で）
豆知識 planeと言うことも多い。

apologize
[əpáːlədʒàiz]

動 謝る, わびる
熟語 apologize for ...（…について謝る）

sale
[séil]

名 販売, 特売
用例 for sale（売り物の）

translation
[trænsléiʃən]

名 翻訳
用例 make a translation of a story into
　　　 Japanese
　　　（物語を日本語に翻訳する）

knowledge
[nɑ́ːlidʒ]

名 知識, 理解
熟語 a knowledge of ...（…についての知識）

sentence
[séntns]

名 文
Write an English sentence.
英語の文を1つ書きなさい。

relationship
[riléiʃənʃip]

名 関係, 結びつき
The two countries keep a good relationship.
その2国はよい関係を保っています。

invention
[invénʃən]

名 発明, 発明品
用例 the invention of the computer
（コンピュータの発明）

recognize
[rékəgnàiz]

動 （見たり聞いたりして）…とわかる, …を認識する

Can you recognize us?
私たちが誰なのかわかりますか。

exhibition
[èksəbíʃən]

名 展示
用例 an art exhibition（美術展）
an exhibition game（エキシビションゲーム）

childhood
[tʃáildhùd]

名 子供の頃
用例 in my childhood（子供時代に）
a childhood dream（子供時代の夢）

remove
[rimú:v]

動 …を取り除く

Don't remove this poster.
このポスターをはがさないで。

graph
[grǽf]

名 グラフ, 図表
用例 draw a graph（グラフを描く）
a bar graph（棒グラフ）

data
[déitə]

名 資料, データ
用例 one piece of data（1つのデータ）
熟語 take data（データを取る）

guess
[gés]

名 推測 **動** （…を）推測する
熟語 by guess（当てずっぽうに）
Guess what!　あのね, ちょっと聞いて。

I guess it will take a long time
to clean Sinigami's room.
His room is messy!

　訳：しにがみの部屋を掃除するのは時間がかかるだろうな。彼の部屋は散らかってるから！

reply
[riplái]

動 （…と）答える, 返事をする
熟語 reply to ... （…に返事をする）

conference
[kánfərəns]

名 会議, 評議会
用例 a conference on the environment
（環境に関する会議）

preserve
[prizə́:rv]

動 …を保存する, 保護する
People are trying to preserve the bird.
人々はその鳥を保護しようとしています。

global warming
[glóubl wɔ́:rmiŋ]

名 地球温暖化
用例 prevent global warming（温暖化を防ぐ）

apply
[əplái]

動 （…に）当てはまる
熟語 apply ... to ～（…を～に適用する）
apply for ... （…に申し込む）

satisfy
[sǽtəsfài]

動 …を満足させる
熟語 be satisfied with ... （…に満足する）

establish
[istǽbliʃ]

動 …を設立する
This school was established in 1970.
この学校は1970年に設立されました。

image
[ímidʒ]

名 像, 肖像, 印象
The image of Kyoto is new and old.
京都のイメージは新しく, 古いです。

strict
[stríkt]

形 厳しい
He is a strict teacher.
彼は厳しい先生です。

climate
[kláimət]

名 気候
用例 climate change（気候変動）

destroy
[distrɔ́i]

動 …を破壊する
In the movie, dinosaurs destroy buildings.
映画では恐竜が建物を壊します。

development
[divéləpmənt]

名 開発, 発達
用例 research and development（研究開発）
child development（子供の発達）

law
[lɔ́ː]

名 法律, 法
用例 follow the law（法に従う）

accident
[ǽksədənt]

名 事故, 偶然
用例 a car accident（車の事故）
熟語 by accident（偶然に）

injure
[índʒər]

動 …を傷つける
I injured my leg.
私は脚をけがしました。

death
[déθ]

名 死
death⇔life, birth
用例 freeze to death（凍死する）

independence
[ìndipéndəns]

名 独立
用例 Independence Day（独立記念日）
independence from Britain
（英国からの独立）

discrimination
[diskrìmənéiʃən]

名 差別
熟語 discrimination against ...
（…に対する差別）

discover
[diskʌ́vər]

動 …を発見する
用例 discover something new
（新しいことを発見する）

resource
[ríːsɔ̀ːrs]

名 資源
用例 natural resources（天然資源）
energy resources（エネルギー資源）

surround
[səráund]

動 …を囲む
熟語 be surrounded by ... (…に囲まれている)

import
[impɔ́ːrt]

動 …を輸入する
The company imported coffee from abroad.
その会社は海外からコーヒーを輸入しました。

disagree
[dìsəgríː]

動 意見が合わない, 反対する
I disagree with you.
私はあなたと意見が合いません。

transport
[trænspɔ́ːrt]

動 …を輸送する
This ship transported natural gas.
この船は天然ガスを輸送しました。

electricity
[ilèktrísəti]

名 電気, 電力
This car runs on electricity.
この自動車は電気で動きます。

heat
[híːt]

名 熱, 暑さ
heat⇔cold
用例 the heat of an oven (オーブンの熱)

attend
[əténd]

動 …に通う, …に出席する
用例 attend the meeting (会議に出席する)
熟語 attend to ... (…の世話をする)

graduate
[grǽdʒuèit]

動 卒業する
I graduated from Kita Elementary School.
私は北小学校を卒業しました。

interest
[íntərəst]

名 興味
用例 have an interest in ... (…に興味を持つ)
a great interest (大きな関心)

employee
[implɔ́iiː]

名 従業員
There are fifty employees in that office.
あの事務所には50人の従業員がいます。

communication
[kəmjúːnikéiʃən]

名 意思疎通, 伝えること, 伝達
熟語 be in communication with ...
（…と連絡をとっている）

gap
[gǽp]

名 すき間, へだたり
Be careful of the gap.
すき間に気をつけて。

instrument
[ínstrəmənt]

名 道具, 楽器
Do you play any musical instruments?
あなたは何か楽器を演奏しますか。

repeat
[ripíːt]

動 …を繰り返して言う, …を復唱する
Repeat after me.
私のあとに繰り返しなさい。

astronaut
[ǽstrənɔ̀ːt]

名 宇宙飛行士
My dream is to be an astronaut.
私の夢は宇宙飛行士になることです。

teammate
[tíːmmèit]

名 チームメイト, 同じチームの仲間
He is my teammate.
彼は私のチームメイトです。

pencil case
[pénsl kèis]

名 筆箱
This is my new pencil case.
これは私の新しい筆箱です。

custom
[kʌ́stəm]

名 習慣, 風習
用例 social customs（社会慣習）
Japanese customs（日本の慣習）

atmosphere
[ǽtməsfìər]

名 雰囲気, 大気, 〔特定の場所の〕空気
I like the atmosphere in the room.
私はその部屋の雰囲気が好きです。

lesson
[lésn]

名 授業, レッスン
I have a piano lesson on Mondays.
私は月曜日にピアノのレッスンがあります。

完了！経験！継続!?
現在完了を学ぼう！

現在完了の文は〈主語＋have[has]＋過去分詞 ～〉で表し，3つの用法がある。否定文は〈主語＋have[has]＋not＋過去分詞 ～〉，疑問文は〈Have[Has]＋主語＋過去分詞～？〉となる。

①完了用法：
「～したところだ」

〔例〕 An hour and a half **has passed**.
1時間半経ちました。

②経験用法：「～したことがある」

〔例〕 Peinto **has played** the "kick the can" game.
ぺいんとは「缶けり」をしたことがあります。

> 完了：現在までに完了したことを表す。
> 経験：現在までの経験を表す。
> 継続：過去から現在までずっと継続している状態を表す。

③継続用法：「ずっと～している」

〔例〕 They **have played** this game since they were children.
彼らは子どものときからこのゲームをしています。

■現在完了進行形

〔例〕 They **have been playing** the "punch the can" game about an hour.
彼らは1時間ほど「缶パンチ」をしています。

よく一緒に使う語句

完了	already「すでに」, yet「もう, まだ」, just「ちょうど」など
経験	ever「今までに」, once「1回」, never「一度も～ない」など
継続	for ～「～の間」, since ～「～(して)以来」など

glasses
[glǽsiz]

名 眼鏡

She always wears glasses.
彼女はいつも眼鏡をかけています。

schedule
[skédʒuːl]

名 スケジュール

用例 keep to the schedule
（スケジュールを守る）

feed
[fíːd]

動 ～に食事を与える

熟語 feed back（〔情報など〕を戻す）
I feed my dog every morning.
私は毎朝イヌにえさをやります。

giraffe
[dʒərǽf]

名 キリン

My favorite animal is the giraffe.
私の好きな動物はキリンです。

honor
[ɑ́ːnər]

名 名誉, 光栄

用例 win honor（名声を得る）
熟語 in honor of ...（…に敬意を表して）

interpreter
[intə́ːrprətər]

名 通訳（者）

She is studying Chinese to be an interpreter.
彼女は通訳者になるために中国語を勉強しています。

flight
[fláit]

名 定期航空便（の飛行機）, フライト

My flight was canceled.
私の便は欠航になりました。

discussion
[diskʌ́ʃən]

名 議論, 討論, 話し合い

Four people joined the discussion.
4人が討論に参加しました。

marry
[méri]

動 〜と結婚する
Judy married Sam.
ジュディーはサムと結婚しました。

length
[léŋkθ]

名 長さ
熟語 at length（長々と，詳細に）
What is the length of this river?
この川はどれくらいの長さですか。

sightseeing
[sáitsì:iŋ]

名 観光
I visited America for sightseeing.
私は観光でアメリカを訪れました。

flag
[flǽg]

名 旗
用例 a national flag（国旗）

safety
[séifti]

名 安全，安全性
I worried about his safety.
私は彼の安全を心配しました。

airport
[éərpɔ̀:rt]

名 空港
We are going to get to the airport at seven.
私たちは7時に空港に着く予定です。

gesture
[dʒéstʃər]

名 身ぶり，ジェスチャー
She explained with some gestures.
彼女は身ぶりを交えて説明しました。

eco-friendly
[ékoufréndli]

形 環境に配慮した，環境にやさしい
用例 an eco-friendly product
（環境に配慮した製品）

quality
[kwá:ləti]

名 質，品質
The cheese from France is famous for its quality.
フランス産のチーズはその品質で有名です。

business
[bíznəs]

名 会社，商売，事業
My uncle started a new business.
私のおじは新しい事業を始めました。

poverty
[pá:vərti]

名 貧困

I read a book about poverty.
私は貧困についての本を読みました。

conversation
[kà:nvərséiʃən]

名 会話

熟語 have a conversation with ...（…と会話する）
He practices English conversation.
彼は英会話を練習しています。

expression
[ikspréʃən]

名 表現, 表情, 言い回し

用例 a fixed expression
（決まった言い回し）

laundry
[lɔ́:ndri]

名 洗濯, クリーニング店

用例 do the laundry（洗濯をする）
a laundry room（洗濯室）

furniture
[fə́:rnitʃər]

名 家具

The room was full of good furniture.
その部屋はよい家具でいっぱいでした。

interviewer
[íntərvjù:ər]

名 インタビュアー, 面接官

The interviewer was a little boy.
インタビュアーは小さい少年でした。

zookeeper
[zú:kì:pər]

名 動物園の飼育員

The zookeeper feeds the lions at seven.
飼育員は7時にライオンにえさをやります。

hill
[híl]

名 丘, 小山

He lives in the house on the hill.
彼は丘の上の家に住んでいます。

confidence
[ká:nfədəns]

名 自信, 信頼

熟語 in confidence（ないしょで, 秘密に）
She answered with confidence.
彼女は自信を持って答えました。

pain
[péin]

名 苦痛, 苦しみ, 痛み

Where is the pain?
どこが痛みますか。

package
[pǽkidʒ]

名 小包, 箱
I want to send this package.
私はこの小包を送りたいです。

address
[ədrés]

名 住所, 宛先
I entered my name and address.
私は名前と住所を入力しました。

suppose
[səpóuz]

動 (that ...) …だと思う
熟語 be supposed to ... (…することになっている)
I suppose she likes this cake.
彼女はこのケーキが好きだと思います。

disability
[dìsəbíləti]

名 (病気などによる)障害(があること)
This is a sign for people with disabilities.
これは障害がある人々のための標識です。

provide
[prəváid]

動 (必要なもの)を提供する, 供給する
熟語 provide ... with ~ (…に~を供給する)
　　 provide for ... (…に備える)

pollution
[pəlú:ʃən]

名 汚染
The air pollution in this city is a big problem.
この市の大気汚染は大きな問題です。

material
[mətíəriəl]

名 材料, 素材, 原料
用例 plastic materials (プラスチック素材)
　　 building materials (建築素材)

signature
[sígnətʃər]

名 署名
用例 write one's signature on a piece of paper
　　 (紙に署名する)

describe
[diskráib]

動 …の特徴を述べる, …を物語る
Can you describe the event?
そのイベントの特徴を述べてくれますか。

anxiety
[æŋzáiəti]

名 心配, 不安
He is free from anxiety.
彼には心配はありません。

creature
[kríːtʃər]

名 生き物

The creatures in the ocean often look strange.
海の生き物はしばしば奇妙に見えます。

behave
[bihéiv]

動 振る舞う

Behave properly.
礼儀正しく振る舞いなさい。

importance
[impɔ́ːrtns]

名 重要性

What is the importance of this research?
この研究の重要性は何ですか。

happiness
[hǽpinəs]

名 幸せ, 喜び, 満足

He studies people's happiness.
彼は人の幸せについて研究しています。

opportunity
[àːpərt(j)úːnəti]

名 機会, 好機, チャンス

He got a good opportunity to meet her.
彼は彼女に会うよい機会を得ました。

laughter
[lǽftər]

名 笑い, 笑い声

The laughter grew.
笑い声は大きくなりました。

pride
[práid]

名 誇り, 自慢

熟語 take pride in ...（…を誇りに思う）

ambition
[æmbíʃən]

名 強い願望, 野望, 野心

豆知識 「野心のある」はambitious。

日常組セカイ
征服大作戦（仮）

relative
[rélətiv]

名 親族, 身内
用例 a close relative（近い親戚）
　　 a remote relative（遠い親戚）

consider
[kənsídər]

動 …をよく考える, …を熟慮する
I considered my plan.
私は私の計画についてよく考えました。

compare
[kəmpéər]

動 …を比較する
熟語 compare ... with[to] ～
　　（…と～を比較する）

expand
[ikspǽnd]

動 （大きさ・数量などの点で）…を広げる, 広がる
The town expanded to the east.
町は東へ広がりました。

key chain
[kíː tʃèin]

名 キーホルダー
I have a rabbit key chain.
私はウサギのキーホルダーを持っています。

vocabulary
[voukǽbjəlèri]

名 （個人の）語い
用例 a rich vocabulary（豊富な語い）
　　 a poor vocabulary（乏しい語い）

alarm clock
[əláːrm klàːk]

名 目覚まし時計
I set my alarm clock for seven.
私は7時に目覚まし時計を設定します。

review
[rivjúː]

動 …を復習する, …を見直す
I review my class at home.
私は家で授業を復習します。

lie
[lái]

動 横たわる
lie-lay-lain
熟語 lie down（横になる）
豆知識 lie「うそを言う」はlie-lied-lied。

calendar
[kǽləndər]

名 カレンダー
I put a calendar on my desk.
私はカレンダーを机に置きました。

belong
[bilɔ́:ŋ]

動〔belong to ...で〕…のものである，
…に所属している

I belong to the baseball team.
私は野球チームに所属しています。

seat
[síːt]

名席，座る物〔所〕

Have a seat, please.
どうぞお座りください。

attitude
[ǽtət(j)ùːd]

名態度，心構え，考え方

Don't take a rude attitude toward other people.
ほかの人に失礼な態度をとってはいけません。

achieve
[ətʃíːv]

動（地位・名声など）を手に入れる，
（目的・目標）を達成する

用例 achieve the goal（目標を達成する）

harvest
[háːrvəst]

動（作物）を収穫する，…を刈り入れる

We harvest potatoes in May.
私たちは5月にジャガイモを収穫します。

lack
[lǽk]

名不足，欠乏

The lack of water causes a lot of problems.
水不足はたくさんの問題を引き起こします。

vote
[vóut]

動投票する

I went to vote today.
私は今日投票に行きました。

flavor
[fléivər]

名味，風味

What flavor do you like?
あなたは何味がいいですか。

add
[ǽd]

動…を加える，（数値）を足す

I add some coffee to the curry.
私はカレーにコーヒーを足します。

permission
[pərmíʃən]

名許し，許可

熟語 give permission（許可する）
Don't use this room without permission.
許可なくこの部屋を使ってはいけません。

reality
[riǽləti]

名 現実
用例 virtual reality（仮想現実）
the realities of war（戦争の現実）

sickness
[síknəs]

名 病気
用例 a severe sickness（重い病気）
豆知識 diseaseは病名がわかる具体的な病気のこと。

conclusion
[kənklú:ʒən]

名 結論
熟語 in conclusion（最後に）
We arrived at a conclusion.
私たちは結論に達しました。

lay
[léi]

動 …を置く，（卵）を産む
The hen lays an egg every morning.
その雌鶏は毎朝卵を産みます。

nation
[néiʃən]

名 国家
The singer is popular in the two nations.
その歌手はその2か国で人気があります。

recover
[rikʌ́vər]

動 再生する，回復する
熟語 recover from …（…から回復する）

rainforest
[réinfɑ:rəst]

名 熱帯雨林
A lot of people are trying to preserve the rainforest.
多くの人々が熱帯雨林を保護しようとしています。

equality
[ikwá:ləti]

名 平等
Equality is important in any society.
平等はどの社会でも重要です。

organization
[ɔ́:rgənəzéiʃən]

名 組織，団体
Some organizations helped people in the town.
いくつかの組織が町の人々を助けました。

intelligence
[intélidʒəns]

名 知性，知能
Some animals have high intelligence.
動物の中には高い知能を持つものもいます。

refer
[rifə́ːr]

動〔refer toで〕…を参考にする, 参照する, 調べる
Please refer to the next page.
次のページを参照してください。

method
[méθəd]

名（体系的・科学的）方法, 方式
He taught us some methods of practicing soccer.
彼はサッカーの練習方法を私たちに教えました。

observe
[əbzə́ːrv]

動…を観察する
I observed the stars.
私は星を観察しました。

absent
[ǽbsənt]

形 欠席の
He is absent from school.
彼は学校を欠席しています。

persimmon
[pərsímən]

名〔果物の〕カキ
I like persimmons.
私はカキが好きです。

foolish
[fúːliʃ]

形 愚かな, ばかげた
Don't say such a foolish thing.
そんなばかげたことを言ってはいけません。

effect
[ifékt]

名 効果, 結果
用例 the effect of exercise（運動の効果）
cause and effect（原因と結果）

worker
[wə́ːrkər]

名 仕事[勉強]をする人, 労働者
My mother is a hard worker.
私の母はよく働きます。

cost
[kɔ́ːst]

動（費用・金額）がかかる
名 値段, 費用
How much does it cost?　いくらですか。

sculpture
[skʌ́lptʃər]

名 彫像, 彫刻作品
The museum has a lot of sculptures.
その博物館にはたくさんの彫刻作品があります。

refrigerator
[rifrídʒərèitər]

名 冷蔵庫
Put these plastic bottles in the refrigerator.
ペットボトルを冷蔵庫に入れなさい。

concentrate
[káːnsəntrèit]

動 集中する
You concentrate on watching the ball.
あなたはボールを見ることに集中します。

habit
[hǽbət]

名 習慣
用例 a bad habit (悪い癖)
eating habits (食習慣)
熟語 have a habit of ... (…する習慣がある)

keeper
[kíːpər]

名 飼育係, 番人
用例 an animal keeper (動物飼育係)

shout
[ʃáut]

動 (…を)叫ぶ, 大声で話す
I shouted at the boy to stop.
少年に止まるよう叫びました。

surface
[sə́ːrfəs]

名 水面, 表面
The leaf fell on the surface of the lake.
葉が湖の水面に落ちました。

allow
[əláu]

動 …を許す, …を認める
熟語 allow for ... (…を考慮に入れる)
Swimming is not allowed here.
ここで泳いではいけません。

ability
[əbíləti]

名 能力
用例 high ability (高い能力)
ability to read fast (速く読む能力)

Look! My sporting abilities.

訳：見よ！　私の運動能力を。

demand
[dimǽnd]

動 …を要求する，…を(強く)たずねる

They demanded to talk to us about the problem.

彼らはその問題について私たちと話すことを要求しました。

ignore
[ignɔ́:r]

動 …を無視する

The country ignored the demand from other countries.

その国は他国からの要求を無視しました。

occur
[əkə́:r]

動 起こる

What occurred then?

そのとき何が起きましたか。

distance
[dístəns]

名 距離

What is the distance to the library?

図書館まではどのくらいの距離ですか。

departure
[dipá:rtʃər]

名 出発

departure⇔arrival

用例 departure time (出発時刻)

invent
[invént]

動 …を発明する，考案する

Who invented this machine?

誰がこの機械を発明しましたか。

object
[á:bdʒikt]

名 物，対象

用例 an object of children's attention
(子供たちの注目の的)

illness
[ílnəs]

名 病気

He recovered from illness.

彼は病気が治りました。

suffer
[sʌ́fər]

動 苦しむ

熟語 suffer from ... (…で悩む)

calculation
[kælkjəléiʃən]

名 計算

I'm good at calculation.

私は計算が得意です。

developing country
[divéləpiŋ kʌ́ntri]

名 発展途上国
We learned about developing countries.
私たちは発展途上国について学びました。

injury
[índʒəri]

名 けが
Nobody got injuries in the accident.
誰もその事故でけがをしませんでした。

labor
[léibər]

名 労働
用例 division of labor（分業）
　　 physical labor（肉体労働）

rely
[rilái]

動 〔rely on ...で〕…を信頼する，頼る
You can't rely on me.
あなたは私を頼ることはできません。

responsibility
[rispɑ́ːnsəbíləti]

名 責任
熟語 take responsibility for ...
　　 （…に対する責任をとる）

homesick
[hóumsik]

形 ホームシックの，故郷を恋しがる
I was homesick last month.
私は先月ホームシックでした。

wild
[wáild]

形 野生の
用例 a wild animal（野生動物）
　　 grow wild（自生する）

exit
[égzit]

名 出口　動 立ち去る，退去する
exit ⇔ entrance
用例 an emergency exit（非常口）

purpose
[pə́ːrpəs]

名 目的
What is the purpose of your visit?
あなたの訪問の目的は何ですか。

mix
[míks]

動 …を混ぜる，混ざる　名 混合（物）
Please mix the flour and the eggs.
小麦粉と卵を混ぜてください。

関係代名詞に挑戦せよ！

関係代名詞は，先行する名詞に関する情報を後から付け加えるはたらきをする。

■主格（人）：who[that] があとに続く文の主語になる

［例］ The person who[that] doesn't know the rules
　　　　↑_____ 動詞を続ける

　　　of volleyball makes the new rules.

　　　バレーボールのルールを知らない人が新しいルールを作

　　　ります。

> 「人」を説明するときは who か that を使う。

■主格（もの）：that[which] があとに続く文の主語になる

［例］ This is a world that[which] was created
　　　　　　　　↑_____ 動詞を続ける

　　　by Sinigami.

　　　これはしにがみによって作られた世界です。

> 「もの」を説明するときは which か that を使う。

■目的格：that[which] があとに続く文の目的語になる

［例］ They are the volleyball players (that) everyone respects.
　　　　　　　　　　　↑_____ 主語・動詞を続ける

　　　彼らはみなが尊敬しているバレーボール選手です。

［例］ This is the net (that[which]) they use.
　　　　　　　↑_____ 主語・動詞を続ける

　　　これは彼らが使うネットです。

> 目的格の関係代名詞は省略可能。

Mission
5

英語で実況せよ

a few ...	少数の…, いくらかの…
a lot of ...	たくさんの…, 多数の…
do one's homework	宿題をする
a variety of ...	いろいろの…
according to ...	…によれば
come home	帰宅する
all over ...	…のいたるところに[で, の]
be able to ...	…することができる, …する能力がある
have a good time	楽しい時を過ごす
be different from ...	…とは違っている

be famous for ...	…で有名な
go on a trip	旅行をする
be good at ...	…が上手だ, 得意だ
be interested in ...	…に興味がある
talk with ...	…と話す
both ... and ～	…も～も両方
Call me	私を…と呼んでください。
arrive at ...	…に着く
check out ...	…を調べる, 検討する
come from ...	…出身である, …から来ている

have a cold	風邪をひいている
decide to ...	…することに決める, …しようと決心する
depend on ...	…に頼る, …次第である
get off ...	…から降りる
find out ...	…を知る, …を見つける
go ...ing	…しに行く
give up	諦める, やめる
go into ...	…に入る
have been to ...	…に行ったことがある
a cup of ...	カップ1杯の…

have to ...	…しなければならない
help ... with ～	…を～の面で手伝う
in the morning	午前中に
How about ...?	［意見を求めて］…についてはどうですか。
How long ...?	どれくらい長く［長い］…
in the afternoon	午後に
how to ...	…する方法
in front of ...	…の前で［に］
at school	学校で
... kind(s) of ～	…種類の～

Let's	…しよう。
sit down	座る, 着席する
look at ...	…を見る
look for ...	…をさがす
take care of ...	…の世話をする
look like ...	…のように見える
lots of ...	たくさんの…, 多数の…
for free	無料で
next to ...	…の隣の
not ... at all	少しも…ない

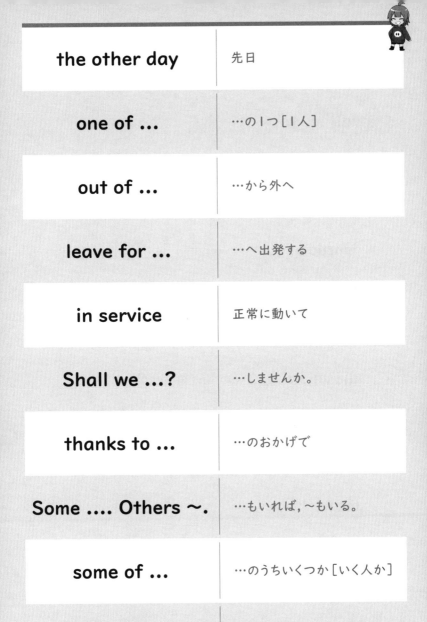

the other day	先日
one of ...	…の1つ[1人]
out of ...	…から外へ
leave for ...	…へ出発する
in service	正常に動いて
Shall we ...?	…しませんか。
thanks to ...	…のおかげで
Some .... Others ~.	…もいれば, ~もいる。
some of ...	…のうちいくつか[いく人か]
be late for ...	…に遅刻する, …に遅れる

take off ...	（衣服・くつなど）を脱ぐ， （眼鏡など）を外す
tell ... to ～	…に～するように言う［命じる］
from ... to ～	…から～
think of ...	…を思い浮かべる， …について考える
thousands of ...	何千もの…，多くの…
move to ...	…に引っ越す
turn off ...	（テレビ・明かりなど）を消す
want to ...	…したい，…したがる
be ready for ...	…の準備ができている
Why don't we ...?	…しませんか。

関接疑問&現在分詞・過去分詞に挑戦せよ！

■ 間接疑問

間接疑問文を簡単にいうと中に**疑問文〈疑問詞＋主語＋動詞〉**が入る文のこと。

[例] Tell me **when** you pull the lever.

疑問詞のあとは主語＋動詞

あなたがいつそのレバーを引くか教えてください。

[例] We don't know **what** will happen.

疑問詞が主語の役割をしている

ぼくたちは何が起こるかわかりません。

■ 現在分詞・過去分詞

名詞を修飾するときに，**現在分詞（〜ing形）**と**過去分詞（過去分詞形）**を使える。

[例] Peinto found | a man | **standing** behind a lever.

レバーの後ろに立っている

ぺいんとはレバーの後ろに立っている男性を見つけました。

> 現在分詞は「〜している」，過去分詞は「〜される」という意味。対象の人やものの動作に注目して考える。

[例] This is | a lever | **created** by Sinigami.

しにがみによって作られた

これはしにがみによって作られたレバーです。

would like to ...	…したいと思う
worry about ...	…のことを心配する
a little	少し
a lot	たくさん
stay home	家にいる
all over the world	世界中の［で］
All right.	よろしい。/ わかった。/ 了解した。
speak to ...	…に話しかける
Anything else?	ほかに何かありますか。
as a result	［前文の内容を受けて］その結果（として）

far from ...	…から遠く離れて
at home	家で［に］
at night	夜に［は］
all the way	はるばる
by oneself	一人で, 自力で
by the way	ところで
have time to ...	…する時間がある
come back	帰る, 戻る
come in	入る, 入ってくる
most of ...	…のほとんど

do one's best	最善を尽くす
Don't worry.	心配しないで。
stay with ...	…のところに泊まる［滞在する］
every day	毎日
every year	毎年
between ... and ～	…と～の間に
for a long time	長い間
for example	例えば
hurry up	急ぐ
get to ...	…に着く，到着する

get up	起きる
stay up late	遅くまで起きている
go to bed	寝る
Happy birthday.	誕生日おめでとう（ございます）。
be glad to …	…してうれしい
Here you are.	はい, どうぞ。
How about you?	あなたはどうですか。
at last	ついに
How much …?	…はいくらですか。
I see.	なるほど。/ わかった。

kind to ...	…に親切である
in the future	未来に, 将来に
keep in touch	連絡をとる
on foot	歩いて, 徒歩で
Let's see.	ええと。/ そうですね。
make a speech	演説をする
on time	時間どおりに
Me, too.	私も。
more than ...	…より多い
make a mistake	間違える

My pleasure.	どういたしまして。
Nice to meet you.	はじめまして。
either ... or ～	…か～のどちらか
No problem.	いいですよ。 / もちろん。
No, thank you.	いいえ, けっこうです。
exchange ... for ～	…を～と交換する
Oh, no.	まさか。 / ひどい。
on the other hand	他方では, これに反して
once a week	週に1度
on weekends	週末に

one day	ある日
go to work	仕事に行く
Pardon me.	〔聞き返すときに用いる〕 もう1度言ってください。 すみません。
pick up ...	…を拾い上げる
all day (long)	1日中
See you.	またね。
take a bath	入浴する
this morning	今朝
take a walk	散歩する
take action	行動する

「もしトラゾーが料理人だったら……」現実とは異なることをいうとき！

現実とは異なることや実現しないような願望を表すときは，**仮定法**を使う。〈**I wish ＋主語＋動詞の過去形 ～.**〉で「～であればよいのに」，〈**If ＋主語＋動詞の過去形 ～，主語＋ could/would ＋動詞の原形 ....**〉で「もし～だったら，…だろうに」という意味。

〔例〕 I wish I **had** big ears.
   　　　過去形

　ぼくが大きな耳を持っていればなあ。

> 実際は耳は大きくはないので，願望を伝える。

〔例〕 If <u>Torazo</u> **were** a cook, he **would** open a restaurant.
   　　　　　　 過去形　　　　　　　 助動詞の過去形

　もしトラゾーが料理人なら，彼はレストランを開くだろう。

> 主語が単数でも，be動詞はwereを使う。

〔例〕 If they **were** not game streamers, what **would** they be?
   　　　 過去形　　　　　　　　　　　　 助動詞の過去形

　もし彼らがゲーム実況者になっていなければ，何になっているだろうか。

> 実際はゲーム実況者なので，現実とは異なる想定をいっている。

hold on	電話を切らないでおく
Thanks.	ありがとう。
That's right.	そのとおり。
these days	近頃では, 最近
very much	とても, たいへん
wake up	目が覚める, 目を覚ます
want ... to ～	…に～してほしい
What's up?	どうしたのですか。
as for ...	…に関しては, …について言えば
Why don't you ...?	…してはどうですか。

work out	運動をする，体を鍛える
Would you like …?	…はいかがですか。
Yes, please.	はい，お願いします。
You're welcome.	どういたしまして。
a piece of …	1つ［個・枚］の…
agree with …	…に賛成する
be afraid of …	…を恐れる
be full of …	…でいっぱいである
because of …	…のために
Can you …?	…してくれませんか。

Could you …?	…していただけませんか。 (Can you …? よりていねいな表現)
don't have to …	…する必要がない
go back (to …)	…へ帰る
have fun (at …)	(…で)楽しむ, 楽しい時間を 過ごす
Here is [are] ….	これが…です。 ここに…があります。 …をどうぞ。
How many …?	…はいくつですか。
keep …ing	…し続ける
listen to …	…を聞く
look forward to …	…を楽しみに待つ
need to …	…する必要がある, …しなければならない

not only ... but (also) ~	…だけでなく～もまた
remind ... of ~	…に～を思い出させる
so ... that ~	とても…なので～だ
..., such as ~	…, たとえば～
There is [are]	…がある。／（人が）いる。
try to ...	…しようと試みる［努力する］
Welcome to	…へようこそ。
... year(s) old	…歳
after school	放課後
all the time	常に

at first	最初は，はじめのうちは
bring back ...	…を思い出させる
Can I ...?	〔許可〕…してもいいですか。
come true	実現する，本当になる
each other	お互い（に）
Excuse me.	すみません。失礼ですが。
for the first time	はじめて
go out	外出する
have no idea	見当がつかない
How are you?	お元気ですか。/ 調子はどうですか。

in fact	実際は, 実のところ
in case of ...	…の場合には
May I help you?	いらっしゃいませ。
must not ...	…してはいけない
no one	誰も…ない
of course	もちろん
on the way	途中で
over there	あそこに, あちらでは, 向こうでは
run away	逃げる
take a picture	写真を撮る

Good morning. Good afternoon.
Good evening. I'm Peinto.
おはようございます。こんにちは。
こんばんは。ぺいんとでございます。

I knew it, right?
やっぱりねえ？

Wait a minute.
ちょっと待って。

That's impossible.
ありえねぇよ。

Here it comes!
きた！

It's a project like that.
そんな感じの企画です。

なるほどね。
I see.

Shall we play?
やりますか？

本索引には, 英単語説明ページの用例や熟語などは含まれていません。

天才は英語で
peintoらしい（嘘）

I love
cats' paw pads.

I have broken
ribs now.

これで英語学んで
ハワイに行きたい

#日常組英単語 のハッシュタグとともに
各SNSにおいて感想や勉強の成果や進捗具合の
ご報告をお待ちしてます。

ブックデザイン	喜來詩織（エントツ）
マネジメント	冠就人
協力	ガジェット通信
DTP	G-clef, 河源社
校正	鷗来堂
編集協力	川岸良子, 安達瑞菜
	（有限会社マイプラン）
編集	宮原大樹

日常組と超楽しく覚える！ 中学英単語＆熟語1800

2024年6月26日　初版発行

原案／日常組

英語監修／Brooke Lathram-Abe

イラスト／くみちょう

発行者／山下 直久

発行／株式会社KADOKAWA
〒102-8177　東京都千代田区富士見2-13-3
電話 0570-002-301（ナビダイヤル）

印刷所／大日本印刷株式会社

製本所／大日本印刷株式会社

●お問い合わせ
https://www.kadokawa.co.jp/（「お問い合わせ」へお進みください）
※内容によっては、お答えできない場合があります。
※サポートは日本国内のみとさせていただきます。
※Japanese text only

定価はカバーに表示してあります。

©Nichijogumi 2024　Printed in Japan
ISBN 978-4-04-606619-0　C6082